Bettina Wulff mit Nicole Maibaum

Jenseits des Protokolls

Für meine Familie

Bettina Wulff mit Nicole Maibaum

Jenseits des Protokolls

riva

Bibliografische Information der Deutschen Nationalbibliothek:
Die Deutsche Nationalbibliothek verzeichnet diese Publikation in der Deutschen Nationalbibliografie;
detaillierte bibliografische Daten sind im Internet über http://d-nb.de abrufbar.

Für Fragen und Anregungen:
info@rivaverlag.de

1. Auflage 2012

© 2012 by riva Verlag, ein Imprint der Münchner Verlagsgruppe GmbH,
Nymphenburger Straße 86
D-80636 München
Tel.: 089 651285-0
Fax: 089 652096

Umschlaggestaltung: Pamela Günther
Umschlagabbildung: Harry Schnitger, Berlin
Satz: Georg Stadler, München
Druck: GGP Media GmbH, Pößneck
Printed in Germany

ISBN Print 978-3-86883-273-0
ISBN E-Book (PDF) 978-3-86413-294-0

www.rivaverlag.de
Gerne übersenden wir Ihnen unser aktuelles Verlagsprogramm.

INHALT

»Mama, habt ihr gelogen?«

… fragt mich mein Sohn Leander verunsichert und schiebt gleich hinterher: »Das darf man doch nicht, oder?« Er erzählt, dass ein älterer Mitschüler ihn auf dem Schulhof beschimpft hat. Plötzlich stand der Junge einfach vor ihm und meinte: »Deine Eltern sind Lügner, hat mein Papa gesagt.«

Es ist Anfang Februar 2012 und ich merke, dass mir mein Leben aus den Händen gleitet. Was passiert hier gerade? Was soll ich tun? Längst schon bin ich an meine Grenzen gekommen. Seit zwei, drei Wochen lasse ich das Radio ausgeschaltet und lege nur noch CDs ein, um so nicht schon wieder eine Nachricht über meinen Mann Christian zu hören und das, was er, auch was wir, angeblich Unrechtes getan haben sollen. Denn mir fällt es schwer, meinem Sohn die Antworten zu geben, nach denen er verlangt. Leander ist acht Jahre, er liest die Zeitung, hat ein iPad, geht ins Internet. Er lebt schließlich nicht auf dem Mond und bekommt so das mit, was mich selbst überrollt.

Mit am schlimmsten ist die mediale Belagerung. Selbst hier in Großburgwedel, wo ich aufgewachsen bin, wo unser neues und auch altes Zuhause ist, lassen sie uns nicht in Ruhe. Auch mein jüngster Sohn Linus, drei Jahre, ist völlig verwirrt. Morgens öffnet er erst einmal die Tür und streckt vorsichtig den Kopf hinaus, um sie dann schnell wieder zu schließen und zu mir in die Küche gerannt zu kommen mit den Worten: »Mama, die stehen schon wieder da.« Gemeint ist ein Pulk an Journalisten und Fotografen. Selbst am Wochenende belagern sie unser Haus, und so wird es Linus zu bunt und voller Tatendrang und aus dem Brustton der Überzeugung sagt er zu mir: »Mama, ich setze mich jetzt auf meinen Trecker und fahre die einfach um.« Leander vermeidet unter diesen Umständen jeden Schritt vor das Haus. Denn bereits der Weg zum Freund, nur einige Häuser, nur einige Meter weiter, wird für ihn zum Spießrutenlauf. Zwar erscheinen die Fotos später nicht in irgendeiner Zeitung, so viel Anstand beweisen die Journalisten dann doch, aber allein die Tatsache, dass ein Fotograf mit seinem Riesenobjektiv draufhält, wenn Leander an ihm vorbeigeht, verwirrt meinen Sohn. »Warum macht der das?« – »Warum gehen die nicht weg?« – »Warum lassen die uns nicht in Ruhe?« Leander löchert mich mit diesen Fragen und ich weiß, dass ich ihn damit nicht alleine lassen kann. Denn er ist verunsichert. In der Zeitung hat er etwas über die umstrittene Finanzierung unseres Hauses gelesen. Aufgeregt kam er gleich zu mir und fragte: »Mama, müssen wir jetzt hier ausziehen?« Er hat Angst, dass man ihm sein Zuhause nimmt. In Berlin ist er nie wirklich angekommen, hier in Großburgwedel aber fühlt er sich sicher und hier sind seine Freunde.

Es muss etwas geschehen. Ich möchte mich nicht verstecken und meine Kinder sollen es auch nicht tun müssen. Ich möchte auch nicht, dass meine Kinder beschimpft werden für Dinge, die schlicht unwahr sind oder mit denen sie rein gar nichts zu tun haben. Ich bin wütend auf die Eltern dieses Jungen, die sagten, wir seien »Lügner«, doch ich schiebe meine Verärgerung beiseite und werde Leander erklären, wie diese Schlagzeilen zustande kamen. Er soll die Wahrheit kennen. Die ist wichtig. Mit diesem Wissen wurde ich erzogen, so habe ich versucht zu leben und so soll dies auch für mein zukünftiges Dasein gelten.

Ich kann nur eines sagen: Wenn es mir egal wäre, dass Leute Gerüchten über meine Person Glauben schenken, wenn es mir egal wäre, dass diese Menschen auch meinen, ich würde bewusst ständig nach einem Profit für mich und meine Familie suchen und ich eine oberflächliche, luxusverliebte und auf Glamour erpichte Frau sei, dann würde ich einfach alles auf sich beruhen lassen und kein weiteres Wort darüber verlieren. Aber es ist mir nicht egal, was Menschen über mich denken beziehungsweise dass in ihren Köpfen möglicherweise ein Bild über meine Person herumspukt, welches mir selbst absolut fremd ist. Und übrigens auch engsten Freunden und meiner Familie. Ich weiß, dass es schwierig ist, ein verankertes und auch von Medien geformtes Urteil zu verändern oder besser gesagt ins rechte und gerechte Licht zu rücken. Dafür sind Vorurteile ein zu komplexes Phänomen. So schnell sie entstehen, so schnell gelten sie als ein Stück Wahrheit. Ich weiß, dass es mitunter lange dauern wird, diese Meinung, die manche Menschen über mich haben, vielleicht doch ein Stück weit zu revidieren. Aber genau das wäre mir wichtig. Ich möchte, dass die Menschen mich so sehen, wie ich bin: als eine ziemlich normale Frau und Mutter, die ihr Leben so leben möchte, wie sie es will, und nicht, wie andere es von ihr erwarten. Und die sich verantwortungsvoll für andere, vor allem eben auch für die eigenen Kinder, und für Themen einsetzt, die ihr wichtig sind. So einfach ist das eigentlich …

1 Die Männer

Adrett, solide, gebildet und absolut seriös erscheinend: Als konservativer Politiker, als Katholik und fürsorglicher Familienvater war Christian Wulff sicher so einiges, zum Beispiel der Liebling vieler, wenn nicht gar aller Schwiegermütter, aber ganz gewiss war er kein Womanizer. Wenn ich mich früher mit meinen Arbeitskollegen und vor allem -kolleginnen über Christian Wulff unterhalten habe und wir ihn uns in der Zeitung anschauten, fragten wir uns schon: Was findet eine Frau an diesem Mann? Irgendwie fehlten da ein paar Ecken und Kanten, etwas Besonderes und Eigenes. Christian Wulff wirkte glatt, wie der klassische Juristentyp. In puncto Kleidung kannte er scheinbar keine Alternative zu einem dunkelblauen Anzug und die Auswahl seiner Brillen war auch nicht gerade spektakulär.

Genauso habe ich es damals empfunden, als ich Christian noch nicht kannte. Und manchmal ist es seltsam, sich jetzt, nach all dem Geschehenen, was wir als Paar gemeinsam erlebt haben und was die Beziehung auch geprägt hat, an die Anfänge und die Zeit der großen Verliebtheit zu erinnern. Aber es ist wichtig, dies zu tun, zumal ich weiß, dass sich etliche Außenstehende genau das fragten, was ich ja einmal selbst dachte: Wie kann sich eine junge Frau in einen Mann wie Christian Wulff verlieben?

Zunächst einmal: Ich habe bei Männern kein festes Beuteschema. Wenn ich in Zeitungen manchmal lese, dass da irgendwel-

11

che Frauen gerne von einem Prominenten zum anderen wechseln, finde ich das merkwürdig. Das schreit dann schon gewaltig nach dem Drang, bloß einen Partner abzubekommen, der berühmt oder vermeintlich berühmt ist, daher eventuell über das nötige Kleingeld verfügt und von dem im Idealfall etwas Glanz der Bekanntheit auf einen selbst abfällt. Nein, so ticke ich nicht. Auch wenn mir einige Medien gerne unterstellten, dass ich es auf Luxus und Glamour abgesehen und mir deshalb bewusst einen Christian Wulff ausgesucht hätte – totaler Quatsch. Wenn dies so wäre, hätte ich meinen Beutezug durch die männliche Prominentenwelt doch wohl viel früher gestartet. Vielleicht mit Anfang 20, wenn die Chancen noch besser stehen. Aber nicht mit Mitte 30, wenn langsam der Zahn der Zeit an einem nagt. Ich bin nicht die Frau, die Öffentlichkeit sucht. Ich gehe beim Verlieben nicht nach einem Schema von wegen »Reich und berühmt!«. Und wenn ich das sage, tue ich dies im Hinblick auf meine bisherigen Beziehungen.

Ich war 16, Tom 24. Er war Rettungsschwimmer auf Sylt, oder besser gesagt war er Teilzeit-Rettungsschwimmer. Im Semester studierte Tom in Mainz, in den Ferien kam er auf die Insel. Die erste Begegnung mit Tom am Strand werde ich nicht vergessen: Ich steuerte gerade meinen neuen Lenkdrachen, als jemand hinter mir sagte: »Drachensteigen ist im Badefeld verboten, bitte mal wieder das Gerät zusammenfalten!« Ich drehte mich erschrocken um und da stand dieser Typ: groß, blond, blaue Augen und natürlich wartete er aufgrund seines Semesterjobs nicht mit dem schlechtesten aller Bodys auf. Ich war ziemlich schnell schwerstverliebt, und das nicht ohne schlechtes Gewissen. Zu Hause, in Hannover, gab es damals seit einigen Monaten einen festen Freund. Doch gegen Sylt, Sonne und Strand – und auch gegen Tom – war dieser letztlich chancenlos. Allerdings: Die Urlauberin und der Rettungsschwimmer, war das nicht der Liebesklassiker nur für einen Sommer oder eine typische Folge für die TV-Serie *Baywatch*? Konnte das überhaupt gut gehen? Es konnte. Zwar packte ich traurig am Ende der Ferien meine Tasche, doch gleich am folgenden Wochenende besuchte ich Tom wieder auf Sylt und war glücklich. Nach zwei Jahren, in denen wir uns nur in den Ferien sahen, aber uns dazwischen regelmäßig schrieben, kamen wir dann richtig fest zusammen und führten von da an eine Wochenendbeziehung. Die war anstrengend, aber wir hielten durch. Und als Tom sein Physikum in der Tasche hatte, wechselte er den Studienort und kam nach Hannover. 1993, unmittelbar nach meinem Abitur, zogen wir zusammen. Das jedoch war der Anfang vom Ende. Leider ziemlich schnell landeten Tom und ich auf dem Boden der Tatsachen. Die gemeinsame Wohnung, der Alltag mit Studium und damit auch mit Stress hatten so rein gar nichts mehr mit der Sylter Leichtigkeit zu tun. Auch nicht mit den Wochenenden, wo wir uns vorher aufeinander gefreut und die Tage bis zum Wiedersehen gezählt hatten. Diese Erkenntnis war sehr ernüchternd. Nach drei Jahren Beziehung haben wir uns getrennt. Mehrere Monate hatten wir noch eine On-off-Beziehung. Wir konnten nicht wirklich ohneeinander, aber miteinander ging es auch nicht. Trotzdem bleibe ich dabei: Es war eine aufregende, besonders schöne, intensive und sehr prägende Zeit.

Tom heißt nicht wirklich Tom. Er ist aber der einzige Mann, mit dem ich länger zusammen war und heute keinen Kontakt mehr habe und dem ich deshalb lieber einen anderen Namen gebe. Ich erwähne ihn überhaupt auch nur, weil er von anderen nicht erwähnt wurde. So war beispielsweise Anfang Juli 2010, also kurz nach Christians Wahl zum Bundespräsidenten, in einem Bericht des Magazins *Focus*, nichts von einem Freund auf Sylt zu lesen. Vielmehr hieß es dort, dass ich als Jugendliche »aus der Hannoveraner Welt ausbrach«. Dass ich meinen Lehrer häufiger bat, freitags früher freizubekommen, um noch rechtzeitig den Zug nach Sylt zu erwischen. Weiter stand in dem Artikel: »Dort verbrachte die gerade einmal 17-Jährige viele Wochenenden, genoss das aufregende Nachtleben. Vorzugsweise vergnügte sie sich im schicken Pony-Club in Kampen. Am Montag erzählte sie dann ihren verblüfften Klassenkameraden, welche irren Partys sie erlebt und welche Typen sie kennengelernt hatte.«

Bestimmt: Ein fester Freund als Grund für die Fahrten nach Sylt hätte die Sache wohl zu normal und zu unspektakulär klingen lassen. Aber eine Bundespräsidentengattin, die man als Partygirl abstempeln und in die Ecke der bereits zu Schulzeiten wild herumtanzenden Szenequeen drängen konnte, war da willkommener. Als ich den Bericht las, habe ich mich geärgert. Jedoch ahnte ich damals noch nicht, dass dies nur ein kleiner Vorgeschmack auf Folgendes sein würde und welch extreme Eigendynamik Gerüchte annehmen können. Aber dazu später mehr …

Auf Tom folgten knapp zwei Jahre, in denen ich Single war, bevor ich mit 23 Achim kennenlernte. Er war der Besitzer des Fitnessstudios in Hannover, in dem ich zu der Zeit fast jeden Tag trainierte. Woher auch immer wusste Achim, als er mich ansprach, dass ich Medienwissenschaften studierte. Er fragte, ob ich mich nicht an zwei Nachmittagen in der Woche um das Marketing für sein Studio kümmern wolle. Klar habe ich da zugesagt. Für eine Studentin mit besagter Studienrichtung ein hervorragender Nebenjob. Auf diesem Weg kamen Achim und ich uns näher. Der Altersunterschied von 15 Jahren, Achim war damals 39, ist mehr unserer Umgebung als uns selber aufgefallen. Ich weiß noch, dass eine Freundin zu mir meinte, dieser Mann sei doch definitiv zu alt für mich. Mir waren derartige Bemerkungen egal. Für mich spielte das Alter keine Rolle und auch heute ist es für mich unwichtig, wenn ich Menschen kennenlerne. Entweder man hat eine gemeinsame Ebene, ein klares Gefühl füreinander, oder eben nicht.

Achims ruhige, souveräne Art und Ausstrahlung haben mich angezogen. Gut drei Jahre waren wir zusammen, dann habe ich mich getrennt. Auch jetzt noch haben Achim und ich aber einen guten Draht zueinander. Achim lebt mit seiner Frau und dem gemeinsamen Kind in Hannover und ab und an, beispielsweise bei Spielen des Fußballvereins Hannover 96, begegnen wir uns und dann freue ich mich. Es ist für mich ein gutes Gefühl, einen Menschen, der mir einmal so nah war, glücklich zu sehen.

Ein Expartner, der 16 Jahre älter ist, und auch Christian, der 14 Jahre älter ist – gewiss könnte man mir vorschnell einen Vaterkomplex unterjubeln, doch sei gesagt: Es gibt da auch Torsten, nur vier Jahre älter als ich und auch heute noch einer der wichtigsten Männer in meinem Leben. Er ist der Vater von meinem Sohn Leander.

Mehrere Jahre liefen Torsten und ich uns in Hannover immer wieder zufällig über den Weg: Samstagmorgens beim Frühstück in der Markthalle, abends in den verschiedenen Diskotheken und Bars wie dem Zaza-Club oder dem Palo Palo. Und wenn ich Torsten sah, dachte ich: »Der sieht ja gut aus.« Groß, dunkle Haare, dunkle schöne Augen. Aber er war zu schüchtern, um mich anzusprechen, und ich war es auch. Irgendwann Mitte 2001 kamen wir bei einer After-Work-Party doch ins Gespräch. Torsten arbeitete als selbstständiger Immobilienmakler, war frisch geschieden und bereits Vater eines damals dreijährigen Sohnes. Er hatte einen wunderbar ansteckenden Humor und seine zurückhaltende Art gefiel mir. Er war präsent, aber nicht aufdringlich. Nur wenige Wochen später zogen wir zusammen. Wie sagt man so schön: Ich schwebte im siebten Himmel. Torsten schien mir der perfekte Partner. Er war – und er ist es noch immer – ein absolut zugewandter, liebevoller Mensch. Torsten gab mir das Gefühl von einem sicheren Zuhause, nachdem ich mich damals langsam sehnte. Den Haushalt machen, einkaufen, kochen – für ihn in einer Beziehung selbstverständlich. Auch kümmerte er sich intensiv um seinen Sohn, was ich sehr bewusst zur Kenntnis genommen habe, denn ich wünschte mir ein Kind. Ich fühlte mich reif, die Verantwortung zu übernehmen, und Torsten zeigte mir, dass er ein guter Vater war. So war es für mich das schönste Geschenk an meinem 29. Geburtstag zu wissen, dass ich schwanger bin. Das Baby war geplant. Ich fand es großartig von Torsten, sich noch einmal auf das Abenteuer »Familie« einzulassen.

Leander kam am 19. Juni 2003 zur Welt und zunächst schien das Glück zu dritt perfekt. Etwa ein halbes Jahr nach Leanders Geburt aber sagte ich mir zum ersten Mal: »Hier laufen grundsätzliche Dinge schief.« Jahrelang hatte für mich der Tag eine feste, klare Struktur: Ich ging morgens zur Arbeit, kam am Nachmittag nach Hause, bin dann zumeist zum Sport gegangen, bevor ich mich abends mit einer Freundin oder einem Freund getroffen habe. Ich war jemand, der mindestens eine Woche im Voraus wusste, was an Terminen ansteht. Dies gab mir Sicherheit. Und als Mutter verspürte ich das Gefühl, noch weitaus mehr Sicherheit zu benötigen, eben im Hinblick auf Leander. Heute, ein paar Jahre älter und um einige Erfahrungen reicher, weiß ich, dass ich es sicher mit meinem Planen auch übertrieben habe. Damals aber konnte ich nicht aus meiner Haut.

Es machte mich rasend, wie Torsten abends ins Bett gehen konnte, ohne zu wissen, wie der nächste Tag aussieht. Dass er sogar am nächsten Morgen aufstand und sagte: »Ach, ich gehe jetzt erst einmal einen Kaffee trinken. Danach sehen wir weiter …« Für mich lebte er in einem totalen Chaos. Was mich anfangs an ihm und seinem Selbstständigen-Dasein faszinierte, diese Gelassenheit und ohne scheinbare Zwänge zu leben, sich von keinem etwas sagen lassen zu müssen, dies ließ mich plötzlich verkrampfen. Hinzu kam die finanzielle Unsicherheit. Torstens Geschäfte liefen damals leider schlecht, auch musste er Unterhalt zahlen. Nicht zu wissen, ob überhaupt und wenn ja, wie viel er zur Miete, zu den Kosten für die Lebensmittel, einfach zu unserem Lebensunterhalt beisteuern kann, hat mich belastet. Permanent hatte ich das Gefühl, dass alles an mir hängt, dass ich bloß nicht krank werden darf, sondern immer perfekt performen muss, um den gesamten Laden zu schmeißen.

Torsten und ich redeten und suchten nach Kompromissen. Aber es war der Klassiker: »Ja, ich werde mich ändern«, lautete das Versprechen von Torsten, wenn ich ihn bat, mehr Struktur in seinen Tagesrhythmus zu bringen. Doch das Beteuern hielt nur zwei, drei Wochen, bevor er wieder in seinen alten Trott verfiel. Verrückt. Wenn ich rückblickend an diese Zeit denke, kann ich über mich nur den Kopf schütteln. Ich sah nicht, dass Torsten selbst mit dieser Phase haderte, er mit sich unzufrieden war und nicht wusste, wo er hinwill. Meine Wünsche und meine Forderungen setzten ihn nur noch mehr in Druck.

Die Situation blieb unverändert und ich wurde zunehmend wütender. Wir hatten uns schließlich gemeinsam entschieden, ein Kind zu bekommen. Aber alles blieb an mir hängen, lastete auf meinen Schultern – so habe ich es empfunden. Gut ein Jahr nach Leanders Geburt zog ich daher aus der gemeinsamen Wohnung aus. Es fiel mir schwer, sehr schwer. Selbst im Nachhinein tut es mir noch immer leid, obgleich dies aus dem Munde der Person, die den anderen verlassen hat, oft mehr nach einer schnell dahingesagten Entschuldigung klingen mag. Doch es ist mein Ernst.

In den ersten Wochen nach der Trennung zweifelte ich auch stark an meiner Entscheidung. Der Euphorie, mich nicht mehr tagtäglich über Torstens Verhalten aufregen und mit den Alltagssorgen dieser Beziehung herumschlagen zu müssen, folgte die herbe Ernüchterung. Zwar war ich glücklich, nach der Elternzeit wieder zurück in meinen Job als Pressereferentin bei der Continental AG kehren zu können. Ich merkte, dass ich durch die Arbeit eine bessere, ausgeglichene Mutter war, doch da ich nun

weitaus stärker für Leander und mich, für unseren Zwei-Perso-
nen-Haushalt aufkommen musste, bedeutete dies auch Stunden
aufzustocken, um mehr Geld zu verdienen. Hatte ich zuvor eine
50-Prozent-Stelle, waren es dann 80 Prozent. Es war fast ein
Irrwitz: Ich hatte mich von Torsten getrennt, um den Druck zu
verringern, den ich spürte. Doch als Alleinerziehende war dieser
Druck nur noch größer geworden. Morgens zwischen 8.00 und
8.30 Uhr setzte ich Leander fix bei der Tagesmutter ab, ging zu
Fuß weiter zur Arbeit, sah zu, dass ich einen guten Job machte,
um gegen 15.00 Uhr, 15.30 Uhr Leander wieder von der Tagesmutter abzuholen und mit ihm noch ein wenig Zeit zu verbringen. Ich denke, jede alleinerziehende Mutter weiß, wie das ist:
Es ist ein Leben, ständig die Zeit im Nacken, dazu das schlechte
Gewissen, seinem Kind keine heile Familie bieten zu können und
darum auch das allgegenwärtige Streben danach, seinem Kind
ein schönes Dasein zu ermöglichen – manchmal dies zulasten
der eigenen Bedürfnisse. Am Ende des Tages war ich oftmals einfach nur platt und es gab den einen oder anderen Abend, an dem
ich alleine auf dem Sofa saß, im Fernsehen nur Wiederholungen
oder langweiliges Serienprogramm, und ich mich fragte: »War
es ein Fehler, sich zu trennen?«

Heute haben Torsten und ich ein sehr gutes Verhältnis. Generell versuche ich mit den Männern, mit denen ich einmal eine
Partnerschaft geführt habe, in Kontakt zu bleiben. Es ist mir
wichtig zu wissen, wie es den Menschen geht, die für einen einmal sehr wichtig im Leben gewesen sind, die man geliebt hat.
Wenn nicht Dinge passiert sind, die zu einem unüberbrückba-
ren Bruch führten, finde ich es schön, diese Menschen weiterhin

ein Stück weit in meiner Lebenswelt dabeizuhaben. Und erlebt man Torsten und mich heute zusammen, wie wir miteinander reden, wie wir miteinander umgehen, merkt auch jeder Außenstehende, dass es eine tolle Freundschaft ist. Leander war nie ein Streitthema. Er musste sich auch nie zwischen einem von uns entscheiden. Wir waren auch schon gemeinsam im Urlaub, Torsten feiert mit uns Weihnachten und die Zeit, die er mit Leander verbringt beziehungsweise die er Leander auch zu sich nimmt, ist weit mehr als nur jedes zweite Wochenende. Ich bin sehr froh, dass Torsten und ich trotz der Trennung es geschafft haben, für Leander eine feste Basis als Eltern darzustellen.

Nach der Trennung von Torsten war ich erneut fast zwei Jahre Single. Als alleinerziehende Mami eines kleinen Kindes lernt man nicht so einfach einen Partner kennen. Und ich wollte mich auch nicht sofort wieder in eine neue Beziehung stürzen. Zu tief saß der Schmerz, dass es mit Torsten nicht geklappt hatte. Ich denke, erst etwa ein gutes Jahr nach dem Bruch merkte ich, dass ich wieder offen für eine Partnerschaft bin.

Ein bestimmter Typ »Mann«, der mich besonders anzieht, gab und gibt es aber nicht. So stand ein Christian Wulff auch nicht auf einer Liste von wegen »Haben wollen« beziehungsweise habe ich ihn nicht von vornherein ausgeschlossen. Ich denke, ich bin jemand, der die Gegebenheiten im Moment betrachtet. Sie auf sich zukommen lässt und dazu bereit ist, Meinungen und Vorurteile – und diese hatte ich eben anfangs gegenüber Christian – zu revidieren und der Person eine Chance zu geben. So wurde Christian Wulff ein Teil meines Lebens …

2 MEIN MANN

Ein wirtschaftlich schwächelndes Unternehmen, das sich unter anderem auf Automobilelektronik spezialisiert und seinen Sitz in den USA hatte, ist quasi der Grund dafür, warum Christian und ich uns Anfang April 2006 überhaupt kennenlernten. Ist so etwas Schicksal? Vielleicht. Aber es klingt durchaus auch etwas bitter: Hätte diese Firma nicht so herbe Verluste hinnehmen müssen, hätte sie sich irgendwie wieder berappelt und schwarze Zahlen geschrieben, wären Christian und ich uns wohl nie persönlich begegnet. Doch diesem Unternehmen ging es schlecht und Hoffnung auf Besserung gab es nicht.

Ich arbeitete zu dieser Zeit als Pressereferentin für die Continental AG mit Sitz in Hannover. Im Jahr 2000 hatte ich dort angefangen, der Job machte mir Spaß, wir waren ein eingespieltes Team von etwa zehn Kollegen. Die Continental, vor allem als Reifenhersteller und Systemanbieter bekannt, ist ein international operierender Konzern der Automobilzulieferbranche. In mittlerweile über 40 Ländern unterhält das Unternehmen Produktionsstandorte, darunter beispielsweise in Brasilien, den USA, Chile, Schweden, Indien, Russland, Australien und auch Südafrika. Anfangs kümmerte ich mich bei der Continental verstärkt um die Betreuung der Internetseiten, aber mit den Jahren hatte sich mein Aufgabenfeld mehr und mehr hin zur klassischen Pressearbeit für die verschiedenen, auch die internationalen Standorte verlagert. So landete im Februar 2006 der Auftrag, eine Besichtigung in unserem Produktionsstandort in Port Elizabeth in Südafrika zu organisieren, denn auch auf meinem Schreibtisch. Hintergrund war die Anfrage der Niedersächsischen Staatskanzlei, inwiefern sich die Continental als deutsches, niedersächsisches Unternehmen mit starker internationaler Ausrichtung im Rahmen einer Delegationsreise präsentieren wollte. Rund 40 Delegierte aus der Wirtschaft, aus der Forschung und Bildung sowie auch Journalisten sollten an der Reise teilnehmen. Daneben natürlich auch der Ministerpräsident Christian Wulff selbst. Ziel einer solchen Reise war es, Kontakte zwischen Politik, Wirtschaft und Forschung zu stärken, gemeinsam nach Kooperationsmöglichkeiten zu suchen, aufzuklären und zu informieren.

Von meinem Schreibtisch in Hannover aus organisierte ich die Besichtigung des Werkes in Port Elizabeth und bereitete für meinen Chef, der mit nach Südafrika fliegen sollte, die Notizzettel mit den wichtigsten Daten und Fakten vor. Das klassische Alltagsgeschäft einer PR-Frau. Gar nicht klassisch war dann aber der Anruf meines Chefs zwei Tage vor dem eigentlichen Reisetermin. Er verkündete, dass er dringend eine Übernahme eines Unternehmens in den USA in die Wege leiten müsse. Seine glorreiche Idee: Ich solle statt seiner die Gruppe für zwei Tage begleiten. Schließlich hatte ich alles organisiert, kannte die Abläufe und stand zudem bereits mit den Zuständigen vor Ort in Kontakt. Mit 20 Jahren hätte ich mich über eine solche Nachricht gefreut – Südafrika, ein paar Tage Sonne, raus aus dem Büro, raus aus dem Alltagstrott. Aber als alleinerziehende Mutter Anfang 30 hielt sich meine Begeisterung in Grenzen. Wie stellte sich mein Chef das eigentlich vor?, schwirrte es mir durch den Kopf, als ich den Telefonhörer auflegte. Wo sollte ich so kurzfristig meinen knapp dreijährigen Sohn Leander unterbringen? Ich rief sofort meine Eltern an und fragte, ob sie Leander zu sich nehmen könnten. Zum Glück wohnten sie in der Nähe und hatten Zeit. So machte ich mich tatsächlich am 6. April 2006 auf den Weg nach Südafrika, ohne zu wissen, dass dies mein Leben nachhaltig verändern würde.

Von Hannover ging es zunächst mit dem Flieger nach Frankfurt. Von Frankfurt sollte es weitergehen nach Johannesburg. Doch schon am Frankfurter Flughafen sah ich die Teilnehmer der Delegationsreise, wie sie sich alle fesch gestylt, im Business-Look mit Anzug und Krawatte, vor dem Terminal versammelten. Damit hatte ich nicht gerechnet. Ich glaubte, das erste Zusammentreffen würde erst am nächsten Tag, im Werk Port Elizabeth sein. Selbst noch in Jeans und Sweatshirt gekleidet, versuchte ich daher möglichst unauffällig die Maschine zu betreten. Aufgrund der Kurzfristigkeit und um doch noch die Teilnahme meines Chefs offenzuhalten, hatte ich mir einen eigenen Sitzplatz in der Economyclass gebucht. Ich verstaute gerade mein Handgepäck unter dem Vordersitz, als eine Stewardess zu mir kam, fragte, ob ich Frau Körner von der Continental sei, und mir nach meinem Bejahen einen Sitzplatz vorne in der ersten Reihe anbot. Der eigentliche Platz meines Chefs. Ablehnen konnte ich natürlich nicht, also kramte ich mein Handgepäck wieder hervor und folgte der Stewardess in den vorderen Teil des Fliegers. Etwas irritiert nickte ich dort einmal in die Runde, sagte freundlich »Guten Tag«, wäre aber lieber im Erdboden versunken und machte es mir in meinem wirklich sehr legeren Outfit schnell auf dem Sitz bequem. Gut zehn Stunden Flug lagen vor mir und ich fühlte mich in meiner Haut richtig unwohl. Ich saß am Fenster, neben mir ein Unternehmer, in der Mitte zwei weitere und auf der anderen Gangseite der Sprecher des niedersächsischen Ministerpräsidenten und daneben wiederum Christian Wulff selbst. Dieser sprang dann kurz vor dem Start plötzlich auf, stieß sich noch den Kopf an der Gepäckablage, kam zu mir, beugte sich leicht vor, streckte mir die Hand entgegen und meinte: »Guten Tag, darf ich mich vorstellen? Ich heiße Christian Wulff.« Die Situation hatte schon Slapstick-Züge und so rutschte mir auf diese prompte Art ebenso prompt heraus: »Ja, weiß ich, deswegen bin ich ja hier.« Kaum war dieser Satz gesagt, wurde ich knallrot. Ich hätte mich selbst ohrfeigen können und schob schnell hinterher: »Äh, ich heiße übrigens Bettina Körner.« Später, als wir bereits ein Paar waren, sagte mir Christian einmal, dass er in jenem Augenblick, als ich in Jeans, Sweatshirt und mit Pferdeschwanz im Flieger Richtung der hinteren Reihen an ihm vorbeirauschte, wusste: Die Frau will ich unbedingt kennenlernen.

In Südafrika ging es nicht nur darum, die konkrete Produktion der Continental für die Automobilindustrie vorzustellen. Ein weiteres Ziel war es auch, das soziale Engagement des Konzerns im Hinblick auf finanzielle Unterstützung beim Erwerb von Wohneigentum und Angeboten zur Vermögensbildung vorzustellen, ebenso wie die gesundheitliche Aufklärung und HIV-Prävention für die Mitarbeiter. Daher stand neben einer Besichtigung des Reifenwerks in Port Elizabeth auch der Besuch des Wohnprojekts »House of Hope« auf dem Programm. In der Einrichtung werden zwischen 15 und 20 Aids-Waisen von einer Pflegemutter rund um die Uhr versorgt. Die Frau kümmert sich unter anderem auch darum, dass die Kinder regelmäßig zur Schule gehen, und schafft so die Basis für eine vielleicht abgesicherte Zukunft. Ich empfand die Situation schon fast als grotesk, wie da die wohlsituierten Herren der Delegationsreise, einige von ihnen wieder fein in Anzug und Krawatte, in diesem Waisenhaus in einem Township herumstanden, zwischen ihnen einige ältere afrikanische Damen und dazu all die Mädchen und Jungen, die ihre Eltern durch Aids verloren hatten. Umso mehr imponierte mir in diesem Moment die Art von Christian Wulff. Wie offen, ja nahbar und wirklich locker er mit den Kindern und afrikanischen Frauen umging, damit hatte ich nicht gerechnet. In meinem Kopf geisterte ein anderes Bild von diesem Mann herum. Ich glaubte, er ordnet dies als einen ganz normalen Pflichttermin ein, spult ein nüchternes Programm ab und das war es dann. Aber wie er sich da einbrachte, Fragen stellte und mit den Kindern scherzte, das fand ich klasse und so freute ich mich auch, als Christian Wulff mich ansprach und fragte, ob ich ihm eine Visitenkarte von mir geben könne. Ich fand das zwar niedlich und dachte: »Der sammelt selbst die Visitenkarten ein? Der hat doch eine Referentin dabei …«, aber großartig irritiert hat es mich nicht.

Alle Beteiligten waren somit sehr zufrieden und ich kehrte am Abend glücklich in mein Hotel zurück. Über den Job hinaus mich noch zu engagieren und zu verbrüdern, das ist noch nie meins gewesen. So erfuhr ich erst am nächsten Morgen beim Frühstück, dass die Herren einen afrikanischen Trommelabend erlebt hatten. Völlig enthusiastisch, was mich arg zum Schmunzeln brachte, erzählten sie mir, wie sie sogar selbst mittrommeln durften. Mit einem befriedigten Gefühl, gute Vorbereitungsarbeit geleistet und meinen Chef passabel vertreten zu haben, stieg ich daher wieder in den Flieger Richtung Hannover, während die Delegation weiterreiste.

Nach dieser ersten persönlichen Begegnung konnte ich zumindest sagen, dass ich Christian Wulff sehr sympathisch fand. Dass er viel natürlicher war, als er nach außen hin erschien. Aber es lag jenseits meiner Vorstellungskraft, dass wir jemals ein Paar sein würden. Ich habe ihn auch gar nicht als potenziellen Partner wahrgenommen. Er war verheiratet und damit für mich so etwas wie tabu. Eigentlich.

Als mir Christian dann gleich am nächsten Tag von Südafrika aus eine SMS auf mein Diensthandy schickte, sich für die Organisation und die interessanten Eindrücke bedankte, blickte ich noch nicht, dass dies der Versuch war, privat zu mir Kontakt aufzubauen. Vielmehr dachte ich: »Hey, wie schön, dass er so eine Begeisterung an dem Projekt zeigt.« Zwar vermutete meine Freundin Stephanie, als ich ihr von der SMS erzählte, folgerichtig: »Der will doch was von dir«, aber da meinte ich nur »Du spinnst doch.« Erst als mich Christian zwei Tage später erneut ansimste, machte es auch bei mir »klick«. Und da habe ich erst einmal intensiv darüber nachgedacht, ob ich das überhaupt tun soll, ob ich den Kontakt vertiefe oder besser beende, bevor er überhaupt richtig begonnen hat. Natürlich schmeichelte mir sein Interesse und ich merkte, dass ich ihn sehr gerne näher kennenlernen möchte, doch schnell läuteten da auch die Alarmglocken, da er eben verheiratet war und ein Kind hatte. Aber wusste ich, wie es in der Beziehung läuft? Was wusste ich überhaupt über das Privatleben dieses Mannes? Nicht viel, eigentlich gar nichts und letztlich war er ein erwachsener Mann, der sich von sich aus bei mir gemeldet hatte. So schob ich die Bedenken beiseite.

Wir begannen einen regen SMS-Austausch, telefonierten miteinander, verabredeten und verliebten uns. Zunächst fanden die Treffen jedoch nur heimlich in meiner Wohnung statt. Christian war es wichtig, zuerst die Trennung zu seiner Frau Christiane zu klären und diese dann auch öffentlich zu machen. Als dann feststand, dass Christiane und er am Pfingstmontag, den 5. Juni 2006, eine gemeinsame Mitteilung an die Presse geben würden, dass sie sich einvernehmlich getrennt hätten und sich in gemeinschaftlicher Verantwortung um Annalena kümmern würden, hatte die Geheimnistuerei für uns ein Ende. Am Pfingstsamstag, den 3. Juni 2006, trafen wir uns bei einem Italiener in Hannover und fast, im Hinblick auf die späteren Entwicklungen, könnte man von einem Omen sprechen, dass gleich bei dieser ersten sozusagen offiziellen Verabredung an einem anderen Tisch ein Gast saß, der daraufhin bei der *Bild*-Zeitung Hannover anrief. Vielleicht war es aber auch der Gastronom selbst, der die *Bild*-Zeitung über unseren Besuch bei sich im Lokal informierte, jedenfalls bekam der Sprecher von Christian sofort am Morgen des Pfingstsonntags eine SMS, in der eine Reporterin fragte, mit welcher jungen blonden Dame Herr Wulff denn da gemeinsam gegessen hätte.

Dieses gesteigerte, fast aufdringliche Interesse überraschte mich schon und gab mir einen Vorgeschmack darauf, wie schnell einem hinterherrecherchiert und auch spekuliert wird. So behauptete ja zum Beispiel später auch die *BZ*, die *Berliner Zeitung*, unter der Überschrift »Wulffs Neue, Niedersachsens Ministerpräsident und seine Neue Bettina Körner feierten schon Ostern auf Mallorca«, dass Christian und ich bereits eine Woche nach der Südafrikareise gemeinsam auf Mallorca bei einer Party der Moderatorin Sabine Christiansen gewesen wären. Das war totaler Quatsch. Wir haben zwar damals eine Gegendarstellung erwirkt, doch steht dieser Artikel immer noch im Internet und ist nahezu exemplarisch für die teils skrupellose Vorgehensweise mancher Journalisten und Verlage, etwas zu veröffentlichen, ohne die Richtigkeit im Vorfeld zu überprüfen.

Nachdem die Trennung von Christiane offiziell war, überlegten Christian und ich, wo wir uns das erste Mal ungezwungen einer breiteren Öffentlichkeit zeigen können. Wir wollten einen lockeren Rahmen, nichts Aufgesetztes und Inszeniertes. Die Fußball-WM im eigenen Land kam uns da gelegen. Das Wetter war hervorragend, die Leute gut drauf, alle redeten über Fußball – der Hype war so riesengroß, dass Christian und ich beschlossen: »Dann gehen wir doch einfach zum Public Viewing.« Wir hofften, aufgrund der Euphorie, nichts weiter als eine Randerscheinung zu sein. Ein Mann und eine Frau, die sich gemeinsam als Paar zeigen. Im Grunde nichts Außergewöhnliches, vielmehr etwas Alltägliches.

Ich machte mir selbst tatsächlich wenig Gedanken darüber, mich mit Christian das erste Mal, abgesehen von diesem Essen, in der Öffentlichkeit zu zeigen. Er war für mich trotz seines ja durchaus hohen Politikerdaseins so normal, so aufgeschlossen, so – und dies soll nicht negativ klingen – wenig spektakulär, dass ich mich an seiner Seite wohlfühlte. Doch es vergingen nur wenige Minuten an diesem Abend des 14. Juni 2006 auf dem Waterlooplatz in Hannover beim Public Viewing des Spiels Deutschland gegen Polen, da waren wir schon im Visier der ersten Fotografen und mir wurde erneut bewusst, wen ich an meiner Seite habe. Und noch klarer wurde mir dies, als ich am nächsten Morgen auf dem Weg zur Arbeit bei meiner Kioskfrau auftauchte. Die *Neue Presse*, die *Hannoversche Allgemeine*, die *Bild Hannover* – alle fanden sie es erwähnenswert, dass es im Leben von Ministerpräsident Christian Wulff anscheinend eine neue Frau gab. Die Kioskfrau meinte freundlich, als sie mich sah: »Das ist ja mal ein Ding. Dass so etwas in unserer Straße passiert ...«, worauf ich etwas verkrampft zurücklächelte und erst einmal schlucken musste. Es war merkwürdig, sich da plötzlich selbst in den Tageszeitungen abgelichtet zu sehen, seinen eigenen Namen zu lesen. Und dank eines großen Porträts von mir auf der Titelseite der *Neuen Presse* wussten die Menschen also: »Hier strahlt Wulffs Neue.«

Ich war glücklich verliebt, meine Eltern jedoch anfangs regelrecht geschockt. Dass Christian 14 Jahre älter war als ich, sahen sie nicht als das Problem an. Eine Beziehung zu einem älteren Mann hatten sie bereits vorher bei mir erlebt. Doch dass Chris-

tian überdies noch verheiratet, Familienvater und eine öffent-
liche Person war, darüber machte sich gerade meine Mutter
große Sorgen. »Bitte pass auf dich auf. Was soll denn daraus
werden?«, fragte sie mich und ich spürte die Angst, die sie um
mich hatte. Sie wollte mir Christian nicht madig machen, aber
sie wollte mich vor einer Dummheit und bösem Erwachen be-
wahren. Ich redete mir den Mund fusselig. Ich erklärte ihr, dass
wir uns absolut sicher seien. Dass wir gewiss um die schwierige Situation wüssten, aber dass sich die Zuneigung zwischen
uns beiden stark und ehrlich anfühle. Die Sorgen meiner Eltern konnte Christian dann auch bei einem langen persönlichen
Treffen mit ihnen erheblich reduzieren.

Trotzdem war es anstrengend, den Eindruck zu haben, sich
ständig für seine Gefühle erklären zu müssen. Zumal ich bereits nur wenige Tage nach unserem gemeinsamen Auftritt beim
Public Viewing feststellen musste: Alles wird zu einem großen
Akt. Spontaneität? Fortan Fehlanzeige. Flexibilität? Absolut
eingeschränkt. Und Emotionalität? Bloß nicht in der Öffentlichkeit. Mal eben abends noch gemeinsam ins Restaurant oder
ins Kino gehen oder einfach auch nur schnell eine Runde um
den Häuserblock, um frische Luft zu schnappen – plötzlich
brauchte man für alles eine Taktik. Das, was für mich noch
wenige Wochen zuvor das Normalste und Selbstverständlichste
auf der Welt war, wollte auf einmal gut überlegt und vor allem
kontrolliert sein. Wenn wir, Christian und ich, uns nicht am
nächsten Morgen in den Klatschblättern sehen wollten, blieben
wir am besten zu Hause. Denn man zeigt in der Öffentlichkeit
keine Gefühle. Aus einem Kuss wird höchstens, allerhöchstens

ein Küsschen. Und die liebevolle Umarmung gleicht eher einer freundschaftlichen. Genauso darf es auch keine Disharmonie geben. Eine Szene zu machen ist tabu, weil ein viel zu begehrtes Futter für Fotografen oder solche, die meinen, einer zu sein. Viele Neugierige fühlen sich zum Hobby-Paparazzo berufen, auch weil Blätter wie die *Bild*-Zeitung mit Aktionen namens »*Bild*-Leser-Reporter« gerade für enthüllende Aufnahmen bezahlen. Darum: In der Sauna saß ich fortan selbst bei 100 Grad nur noch im Bikini, beim Einkaufen achtete ich darauf, besser nur eine Rotweinflasche statt zwei in den Wagen zu legen, und selbst wenn ich nur kurz den Müll hinausbrachte, schaute ich vorher kritisch in den Spiegel und überprüfte fix den Status meiner Vorzeigetauglichkeit.

Meine Reaktionen, meine Mimik, mein aktives Handeln derart kontrollieren zu müssen, das war und blieb für mich äußerst befremdlich. Denn eigentlich bin ich ein sehr kommunikativer und offener Mensch. Ich lache gerne, auch über mich. Ich mache gerne mal einen Witz, ziehe Grimassen und gehe vor allem auf die Menschen zu, die mir sympathisch sind und die ich kennenlernen möchte. Ich musste regelrecht üben, mich in meinen Verhaltensmustern einzuschränken.

Ich weiß, dass andere gerne meinen, das sei nun einmal der Preis, den man zu zahlen habe, wenn man in der Öffentlichkeit steht. Dafür würde man ja auch viel Geld verdienen. Ich sehe das anders. Zum einen habe ich mich nicht bewusst für die Präsenz entschieden. Ich habe mich lediglich in einen Mann verliebt, der sie sich ausgesucht hat. Zum anderen gibt es für mich Grenzen, inwieweit auch eine Person des öffentlichen Lebens belagert, belauert, ja nahezu verfolgt werden darf und scheinbar jegliche Privatsphäre verloren geht. Aber dazu an anderer Stelle mehr.

Christian kam anfangs oft zu mir zu Besuch. Ich wohnte damals mit Leander im Stadtteil List, in der Goebenstraße, in einer Dreizimmer-Erdgeschosswohnung mit kleinem Garten. Doch kaum war bekannt, dass Christian und ich ein Paar sind, tauchten bereits die ersten Fotografen und Journalisten vor der Tür auf, klingelten teilweise sogar bei meinen Nachbarn und fragten: »Wie ist die Frau Körner denn so? Was macht sie denn so? Was führt sie für ein Leben?« Nicht nur, dass es mich und meine Hausmitbewohner nervte, die Situation war auch seitens des Landeskriminalamtes nicht gerne gesehen. Als Politiker, als Ministerpräsident, war Christian als gefährdete Person eingestuft und stand so unter einem besonderen Schutz. Eine Wohnung für ihn musste bestimmte Sicherheitsvorkehrungen erfüllen, die bei meiner Wohnung in der Goebenstraße natürlich nicht gegeben waren beziehungsweise der Aufwand zu hoch gewesen wäre, diese dort einzubauen. Also entschieden Christian und ich uns etwa Mitte Juli, eine gemeinsame Wohnung zu suchen.

Mindestens drei Zimmer, ein schöner Balkon, und das am liebsten in unmittelbarer Nähe der Eilenriede, Hannovers Stadtwald – dies zu finden, war daraufhin in den folgenden Wochen sozusagen meine Mission, und die war wahrlich keine leichte. Christian und ich wollten unser Zusammenziehen so lange wie möglich geheim halten. Daher ermittelte ich gewissermaßen »undercover« und hatte einen Makler hinzugezogen. Es war einfach keine Option mehr, auf eine normale Zeitungsannonce zu reagieren und sich zu einem bestimmten Zeitpunkt vor einer Wohnungstür zu sammeln, um dann mit Massen von anderen Interessenten durch die Räume geschleust zu werden. Da hätte dann irgendein Journalist womöglich geschrieben: »Hier schaut sich Ministerpräsident Wulff gerade sein neues Liebesnest an!« Oder die böswilligen hätten getextet: »Wie viel drückt Wulff wohl dem Makler in die Hand, dass er hier wohnen kann?« Darauf konnten wir gut und gerne verzichten, und so nahm die Suche wirklich fast bizarre Züge an. Erst abends, wenn es bereits dunkel war, also zur eigentlich ungünstigsten Zeit, um ein neues Heim auszuwählen, besichtigten Christian und ich die Wohnungen. Aber der Makler war gut gebrieft und so entsprach bereits die zweite Immobilie unseren Vorstellungen. Es war eine Maisonette-Dachgeschosswohnung in der Spinozastraße, um die 120 Quadratmeter groß und mit einer kleinen Dachterrasse, von der wir einen grandiosen Blick über die Stadt und die Eilenriede hatten. Die Miete von knapp 1300 Euro warm war bezahlbar und auch für Annalena, Christians Tochter, die damals 13 war, gab es sogar eine hübsche kleine Schlafnische, sodass sie uns gut besuchen konnte. Am 1. Oktober 2006 zogen wir ein.

Leander war zu Beginn schon etwas eifersüchtig, als er feststellte, dass da jetzt jemand regelmäßig bei uns ist. Öfter als sonst wollte er mit mir kuscheln und suchte meine Nähe. Auch unser erster gemeinsamer Urlaub zu dritt, im Sommer 2006 im Robinson-Club auf Mallorca, war durchaus eine Herausforderung. Da merkte ich, dass Leander es gewohnt war, mich für sich alleine zu haben. Er nörgelte herum, wenn ich mit meiner Aufmerksamkeit nicht ganz bei ihm war. Wobei ich auch sagen muss, dass er mit seinen damals knapp drei Jahren und aufgrund der Umstände die ganze Situation zunächst gar nicht recht einordnen konnte. In Hannover kam Christian zumeist erst spätabends, zwischen 22 Uhr und 24 Uhr nach Hause, und da lag Leander schon im Bett. Und morgens, bevor Leander in die Kita ging, hatte Christian häufig längst im Anzug und mit seinem Aktenkoffer in der Hand die Wohnung verlassen und war auf dem Weg zum ersten Termin. Teilweise haben sich die beiden so eine ganze Woche kaum gesehen und ich weiß noch, wie verdutzt Leander war, als er Christian dann einmal doch zufälligerweise morgens im Bad vor dem Spiegel die Zähne putzen sah. »Wohnst du jetzt auch hier?«, fragte mein Sohn und Christian – ebenfalls etwas verdutzt – antwortete nur: »Genau, wir wohnen jetzt hier zusammen.«

Mein Sohn war wie erwähnt knapp drei, als Christian und ich uns kennenlernten. Christian wusste, dass es mich nur im Doppelpack mit Leander gibt. Es war einfach Fakt und zwischen uns auch nie ein Problemthema. Im Gegenteil, wir waren uns beide sehr schnell einig, dass wir uns gut noch ein gemeinsames Kind vorstellen konnten. Denn beide fanden wir den Gedanken sehr schade, ein Kind als Einzelkind großzuziehen. Als ich daher im Sommer 2007 schwanger wurde, freuten wir uns, und als Christian im Februar 2008 geschieden war, heirateten wir nur wenige Wochen später, Mitte März.

Die Hochzeitspläne hielten wir bewusst sehr lange geheim. Auch unsere Freunde erfuhren erst gut zehn Tage vor der Trauung den Ort, wo sie hinkommen sollten: das Schlosshotel Münchhausen. Es liegt etwas abgelegen zwischen Hameln und Bad Pyrmont. Es ist eine wunderschöne Anlage und von Bekannten wusste ich, dass es auf dem Areal auch einen kleinen Pavillon gibt, wo standesamtliche Hochzeiten durchgeführt werden können. Die Geheimhaltung war wirklich ein Kraftakt, doch Christian und ich wollten kein großes Szenario. Im Gegenteil: Wir wollten eine kleine Hochzeit im privaten Rahmen. So waren es denn auch nur 50 Gäste inklusive Familienmitgliedern, die wir einluden. Die Zeremonie war traumhaft, Superlative wie »Das war der schönste Tag in meinen Leben« liegen mir nicht, aber es war sicher einer meiner schönsten und obwohl ich hochschwanger war, bereits im achten Monat, tanzte ich bis in den frühen Morgen.

Im Grunde war somit vieles perfekt, nur einmal wieder unsere Wohnsituation nicht mehr. Solange Linus, der im Mai 2008 geboren wurde, noch ein Säugling war, konnten wir uns mit der Dachgeschosswohnung arrangieren. Doch als Linus dann anfing zu krabbeln und selbstständiger zu werden, wurde die Wohnung mit ihren Treppen zu gefährlich beziehungsweise auch zu ungünstig von ihrem Schnitt her. So begaben wir uns erneut auf Wohnungssuche …

3 Das Haus

Vor gut 20 Jahren hätte ich entsetzt den Kopf geschüttelt. Ein Haus in Großburgwedel? Nie und nimmer. Nicht in dieser spießigen Kleinstadt, als die ich sie damals sah. Als Teenager fand ich diesen Ort mit seinen gut 9000 Einwohnern ziemlich langweilig und konnte es nicht recht nachvollziehen, warum meine Eltern ihre Altbauwohnung im schönen hannoverschen Stadtteil List gegen eine Eigentumswohnung in einem Neubauprojekt in Großburgwedel eintauschten. Ich war knapp drei Jahre, mein Bruder Thorsten sieben. Es war der Klassiker: Meine Mutter und mein Vater wollten mit uns Kindern raus aus der Stadt und ein wenig mehr hinaus aufs Land. So fiel ihre Wahl auf Großburgwedel, wo ich also meine gesamte Kindheit und Jugendzeit verbrachte, zur Schule ging, wo ich im Freibad schwimmen lernte, in der Jugendgruppe der Kirche war, beim TSG Großburgwedel ab meinem achten Lebensjahr Basketball spielte. Es war eine schöne Kindheit, ich denke wirklich, sehr behütet aufgewachsen zu sein, doch als 16-Jährige, als 17-Jährige beherrschte mich das Gefühl, mir fällt in diesem verschlafenen Nest, so kam es mir zu dieser Zeit gerade an den Wochenenden vor, die Decke auf den Kopf. Keine Minute konnte ich mir vorstellen, einmal selbst in Großburgwedel sesshaft zu werden. Heute bin ich es wieder und darüber glücklich.

Der Anruf meines Vaters kam im Spätsommer 2008. Ein alter Freund aus Großburgwedel hatte sich wenige Minuten zuvor bei ihm gemeldet und erzählt, dass seine Nachbarn sich scheiden lassen und ihr Haus verkaufen möchten. Ich wurde unruhig, notierte mir sofort den Kontakt. Ein halbes Jahr suchte ich da bereits nach einem passenden Haus für Leander, Linus, Christian und mich, hatte unzählige Stunden vor dem Computer verbracht, jegliche Immobilienseiten durchgeforstet, doch war einfach nicht fündig geworden. Der Speckgürtel um Hannover mit Orten wie Großburgwedel ist aufgrund der familienfreundlichen Infrastruktur sehr beliebt. Es hat diesen Hauch von heiler Welt, wenn nahezu jeder jeden grüßt, die Hektik außen vor bleibt, es insgesamt ein wenig ruhiger zugeht als in der Stadt. Hinzu kommt die gute Verkehrsanbindung durch die A7. Darum: Das, was wir suchten, suchten auch etliche andere.

Als ich nur wenige Tage später im Wohnzimmer des besagten Hauses stand, musste ich tief Luft holen. Christian hatte es aufgrund seines vollen Terminkalenders mir übertragen, vorerst zu schauen, ob die Immobilie für uns überhaupt infrage kommen würde. Und während meine Blicke durch den Raum streiften, dachte ich nur: »Wie gut, dass er nicht bei dieser ersten Besichtigung dabei ist.« Er hätte wahrscheinlich sofort wieder auf dem Absatz kehrtgemacht. Auch ich brauchte viel von meiner Vorstellungskraft, musste mir dabei vor allem die schweren Teppiche und dunklen Holzmöbel wegdenken. Das Ehepaar hatte in dem Haus über 22 Jahre gelebt und drei Kinder großgezogen. Es war alles etwas altmodisch eingerichtet und wirkte eher düster. Aber mir gefiel die Großzügigkeit des Wohnzimmers, die bodentiefen Fenster, die großen Terrassentüren und der Kamin und ich wusste: Hier muss zwar allerhand gemacht werden, aber das könnte passen. Eben auch gerade für uns als Patchworkfamilie, da der Keller bereits komplett ausgebaut war und es dort sogar ein separates Bad mit Dusche gab. Damit würde auch Annalena ihren eigenen Bereich haben, wenn sie uns besuchte. Bei über 200 Quadratmetern Wohnfläche, insgesamt acht Zimmern, war überdies noch Platz für Gäste vorhanden, ebenso wie für ein Arbeitszimmer für Christian. Apropos: Dieser war anfangs, wie ich erwartet hatte, nicht so angetan. Zwar warnte ich ihn vor, aber als er mit mir ein paar Tage später das Haus besichtigte, bemerkte ich gleich seine Skepsis. Ich meinte: »Lass deine Fantasie spielen. Stell dir doch einmal vor, wir reißen hier die Teppiche raus, legen Parkett, lassen eventuell eine neue Küche einbauen und streichen alles neu.« Es gehörte ein wenig Überzeugungsarbeit dazu, bis Christian schließlich sagte: »Ich kann es mir noch nicht richtig vorstellen, aber wahrscheinlich sollten wir es einfach machen.«

Das Haus war unser, allerdings zunächst nur gedanklich. Denn der Preis machte uns zu schaffen. Der Eigentümer wollte 465 000 Euro, was wir angesichts des Wissens, dass wir zusätzlich mehrere Zehntausend Euro in die Renovierung und den Ausbau stecken müssten, zu hoch fanden. Ich weiß, dass etliche Außenstehende denken, der Ministerpräsident eines Bundeslandes und Abgeordneter des Landtags sowie Mitglied des VW-Aufsichtsrates streiche sicher Unsummen ein und natürlich ist die Höhe eines Gehalts immer relativ. Christian verdiente damals um die 13 500 Euro brutto, doch nach allen Steuerab-

zügen plus den Unterhaltsverpflichtungen, und die fielen gegenüber seiner ersten Frau und der gemeinsamen Tochter Annalena
großzügig aus, blieben unterm Strich nur an die 3500 Euro net-
to. Das ist sicher viel mehr, als etliche Menschen in Deutschland
verdienen, aber eben auch nicht so viel, dass man in Saus und
Braus ohne Rücksicht auf Verluste leben kann. Zumal gerade
dann nicht, wenn man wie mit mir eine Partnerin zur Seite hat,
die als lange Zeit alleinerziehende nicht auf einem dicken Sack
Geld sitzt. Im Gegenteil, nennenswerte finanzielle Rücklagen
waren bei mir Fehlanzeige. Es gab kein Erspartes und so konnten wir uns nicht einfach mal eben kaufen, was wir wollten.

Der Besitzer des Hauses schaltete jedoch zunächst auf stur.
Erst nach weiteren Treffen und Verhandlungsgesprächen einig-
ten wir uns auf einen Kaufpreis von 415 000 Euro. Dass Christian und ich dafür einen sehr hohen Kredit aufnehmen mussten
und dieses für Diskussionsstoff sorgte und Vorwürfe mit sich
zog – dazu an anderer Stelle mehr …

Mit einem Mann zusammenzuziehen ist das eine. Mit einem Spit-
zenpolitiker, wie Christian es als Ministerpräsident von Niedersachsen nun einmal war, das andere. Die aufwendigen Aktionen
wie Teppiche rauszureißen, Parkett verlegen zu lassen, die Küche
zu erneuern, die Bäder mit neuen Armaturen aufzupeppen, Ta-
pezieren, Streichen und den Garten neu anzulegen, sind da mehr
oder weniger nur die Schönheitsarbeiten, für die wir alles in allem
aber auch noch einmal an die 90 000 Euro investierten. Aber,
wie erwähnt, fast nebensächlich, denn schließlich gab es noch die
Beamten vom Landeskriminalamt, die ihren Job machen mussten,

und dieser war, die Sicherheit meines Mannes zu gewährleisten. Dies bezog sich auf die Anschlagsgefahr und die Gefährdungsanalyse. Den Schutz des Politikers in seinen eigenen vier Wänden, wofür sicherheitstechnische Umbauten erforderlich waren.

Nur wenige Tage nachdem wir den Kaufvertrag für das Haus unterschrieben hatten, kamen Mitarbeiter des LKA und des staatlichen Baumanagements, um alles zu besichtigen. Einen ersten Eindruck von deren Arbeit und Vorgehensweise hatte ich mir bereits in der Spinozastraße machen können, wo Christian und ich zuvor wohnten. Auch dort hatten die Beamten die Dachgeschosswohnung eingehend begutachtet.

Da wir nicht wie viele andere Politiker eine 24-Stunden-Dauerüberwachung durch zwei in einem Container direkt vor dem Haus sitzenden Polizisten wollten, was übrigens die kostenintensivere Lösung gewesen wäre, musste unsere Immobilie anders abgesichert werden. Sämtliche Fensterscheiben wurden daraufhin durch schusssicheres Panzerglas ersetzt, Kameras wurden im Eingangsbereich installiert, dazu Scheinwerfer mit Panikbeleuchtung, rund um das ganze Haus buddelten Arbeiter zunächst tiefe Löcher, um dann Zement einzugießen, schwarze Stahlpfeiler einzulassen, auf denen schließlich über zehn Überwachungskameras thronten. Auch an der Rückseite des Hauses wurden weitere Kameras angebracht. Dazu im Haus die ganze Technik wie beispielsweise Bildschirme, auf denen wir die verschiedenen Einstellungen der Kameras verfolgen konnten. Darüber hinaus wurden aus Sicherheitsgründen die drei Verbindungstüren nach außen, also unsere Haustür, der Durchgang zur Garage und auch die Tür unseres Hauswirtschaftsraums, durch schwere Stahltüren ersetzt.

Irgendwie erschien mir das alles völlig surreal. Da wollte man sich als Familie einfach nur ein kuscheliges Zuhause schaffen, endlich ankommen und den Kindern einen Ort bieten, an dem sie sich aufgehoben fühlen. Und was wurde aus diesem Vorhaben? Tatsächlich ein richtiger Staatsakt. Denn mit all den Kameras war es ja noch lange nicht getan. Um das Haus gezielt abzusichern, pochten die LKA-Beamten auf eine besondere Einzäunung. Die harmloseste Variante waren massive Klinkermauertürmchen und dazwischen ein Stahlzaun, beides etwa zwei Meter hoch. Mit diesem Vorschlag konnte ich mich noch am ehesten anfreunden. Dabei dachte ich auch an unsere Nachbarn, denn das Haus war vorher sehr offen gestaltet. Und genauso wie ich keine Lust hatte, jeden Morgen von der Küche aus beim Brötchenschmieren auf eine massive, düstere Mauer zu starren, denn das war eine der Alternativen, wollte ich das auch meinen Nachbarn nicht antun.

Die Umbauphase dauerte eine gefühlte Ewigkeit und tatsächlich wesentlich länger, als mein Mann und ich dachten. So hatten wir die Wohnung in der Spinozastraße zu Ende Januar gekündigt und zogen Anfang Februar auf eine Großbaustelle. Stahlbauer, Techniker, Maurer, Elektriker – morgens um 7 Uhr klingelten die ersten von ihnen. Die Maßnahmen des LKA liefen parallel zu unseren eigenen und teilweise tummelten sich so an manchen Tagen zwischen zehn und 15 Arbeiter bei uns im Haus. Ich spürte in mir manchmal Argwohn und dachte: »Jetzt übertreibt es doch nicht. Schottet uns hier, im beschaulichen Großburgwedel, nicht so ab!« Daher habe ich denn bei dem Vorschlag, auch um den Garten besser eine hohe Mauer zu ziehen, freundlich, aber bestimmt interveniert. All die Kameras, von denen aus die Bilder permanent an die Polizeistation übertragen wurden, waren doch schon genug. Leander und Linus sollten im Garten Fußball spielen und im Sandkasten sitzen können, ohne dabei das Gefühl zu haben, völlig eingekesselt zu sein. Zum Glück zeigten sich die Beamten verständnisvoll, und so haben wir als Gartenabgrenzung heute einen normal aussehenden etwa 180 Zentimeter hohen Zaun und viele Sträucher.

Das sicher Skurrilste bei all den Sicherheitsvorkehrungen durch das LKA war aber die Planung des sogenannten Panikraums. Das ist ein besonders gesicherter Raum, der uns zum Rückzug bei einer eventuellen Bedrohung durch Einbrecher oder auch Attentäter dienen sollte. Als die Beamten des Landeskriminalamtes zum ersten Mal davon erzählten, dachte ich noch nichts Schlimmes. Ich assoziierte mit diesem Wörtchen »Panikraum« ein Zimmer im Keller, irgendwo dort in der hintersten Ecke. Ebenso zog ich das Gästezimmer in Betracht, mit seinen etwa zwölf Quadratmetern zwar klein, aber absolut ausreichend. Aber ich lag mit meinen Gedanken komplett daneben. Leider ist es so, dass ich über all die Beeinträchtigungen innerhalb des Hauses nichts sagen darf, obgleich es sicher sehr amüsant wäre. Doch angesichts des Gesetzgebers und einer zu neugierigen Presse habe ich sozusagen Maulkorbpflicht. Nur so viel: Es ist wenig charmant, in einem Privatraum keinen Handyempfang zu haben und überdies Stahltüren, die selbst Linus als Vierjähriger nicht geöffnet bekommt.

Ende April 2008 waren die Bauarbeiten dann endlich abgeschlossen. Über das Ergebnis wurde ja auch so einiges in den

Medien geschrieben. Überschriften wie »Wenn das Land den Panikraum zahlt« oder Bezeichnungen von wegen »Trutzburg« waren keine Seltenheit. So etwas zu lesen, hat mich teilweise verärgert und verletzt. Wir hatten uns das ja nicht ausgesucht. An die Sicherheitsmaßnahmen, die wir schon so gering wie möglich halten wollten, mussten wir uns ja als Familie gewöhnen, und sie bedeuteten eben auch Einschränkungen. Seien es die schweren kinderunfreundlichen Türen oder aber auch die scheinbar festungsähnliche Aufmachung des Hauses. Trotzdem bin ich immer noch sehr glücklich, das Haus gefunden zu haben, und fühle mich total wohl in unseren vier Wänden.

Nur manchmal kommt es zu seltsamen Situationen. So liegt das Haus in einer Straße mit Wendehammer. Gerade am Wochenende radeln gerne Pärchen jeglichen Alters in unsere Straße, halten plötzlich wie scheinbar zufällig vor unserem Haus, weil sie meinen, kurz husten oder sich am Rücken kratzen zu müssen, und starren dabei – natürlich auch völlig zufällig – in unsere Küche. Besonders in der Zeit kurz nach dem Rücktritt nervte mich dieser »Wulff-Tourismus« und ich fühlte mich dadurch noch mehr beobachtet als ohnehin schon. Mittlerweile aber winke ich jenen Herrschaften einfach freundlich zu, was denen dann zumeist peinlich ist und sie schnell verdutzt weiterradeln.

Wir wollten ein ganz normales Einfamilienhaus in einer ganz normalen Lage, mit netten Nachbarn und einer guten Infrastruktur. Was wir haben, ist eine gute Infrastruktur, sehr freundliche und verständnisvolle Nachbarn und ein eben fast normales Einfamilienhaus. Ich denke schon, dass Leander und

Linus hier eine schöne Kindheit haben werden, so wie ich sie selbst erlebte. Daher wurde mir auch mulmig zumute, als sich für Christian eine riesengroße Chance ergab, wofür wir unser Zuhause verlassen mussten …

4 Die Wahl

Der Anruf von Angela Merkel kam an einem Dienstag, genauer gesagt am 1. Juni 2010, etwa gegen 14 Uhr. Einen Tag nach Horst Köhlers überraschendem Rücktritt vom Amt des Bundespräsidenten. Angela Merkel erwischte Christian in diesem Moment in der Staatskanzlei in Hannover. Dass sie ihn als ihren Kandidaten für das Amt des Bundespräsidenten erwog, verschwieg die Bundeskanzlerin. Sie machte es spannend, lud ihn noch für denselben Abend zu einem Gespräch nach Berlin ein. Christian rief mich sofort an. Ich saß bei Rossmann in meinem Büro, um mich herum lagen Zettel mit ein paar Notizen für Produktbeschreibungen, ich musste dringend noch ein Interview für einen Bericht im Kundenmagazin führen und auf dem Computerbildschirm blinkte mir ein Text für eine neue Kampagne entgegen, den mein Chef unbedingt noch vor 15 Uhr haben wollte. Ich war im Stress, und so hörte ich zunächst nur mit einem halben Ohr hin, als Christian anfing zu erzählen. Dass es eventuell um eine Rochade im Bundeskabinett gehen könne, dass – wenn tatsächlich Ursula von der Leyen oder Wolfgang Schäuble, die damals beide schnell als mögliche Favoriten auf das Amt des Bundespräsidenten gehandelt wurden, gewinnen sollten – ihm möglicherweise ein Bundesministerposten angeboten würde. Christian fragte, ob meine Eltern wohl Zeit hätten, auf Leander und Linus aufzupassen, sodass ich ihn nach Berlin begleiten könnte. Seine Konzentration und Aufregung waren spürbar und übertrugen sich auf mich. Es musste schon um etwas Besonderes gehen, wenn die Bundeskanzlerin anrief und Christian derart zeitnah, gleich noch am selben Tag, um ein Treffen bat.

Als ich knapp eine Stunde später im Auto Richtung Kita saß, um Linus abzuholen, kamen ganz automatisch die Überlegungen, ob ein Bundesministerposten gleichbedeutend mit einem Umzug nach Berlin sein und wie dies unser Familienleben verändern würde. Im Rückblick erscheint mir dieser Augenblick sogar noch seltsamer, als er ohnehin schon war.

Meine Eltern hatten Zeit, die Jungs zu sich zu nehmen, und so stiegen Christian und ich nach 19 Uhr in den Zug Richtung Hauptstadt. Wir sprachen während der Fahrt über alle Eventualitäten, über den Posten als Bundesminister, aber auch über die der möglichen Nominierung zum Kandidaten für das Bundespräsidentenamt. Noch so ein Moment, der mir im Rückblick völlig seltsam erscheint, weit weg.

Das Treffen zwischen der Bundeskanzlerin und Christian fand gegen 21.15 Uhr im Bundeskanzleramt statt. Ich hatte mich für diese Zeit mit David Groenewold, einem Filmproduzenten und Freund meines Mannes, im Soho House im Bezirk Prenzlauer Berg verabredet. Fast paradox, wenn man den weiteren Verlauf der Geschichte kennt und somit weiß, dass es die Freundschaft zu David Groenewold beziehungsweise Vorwürfe im Zusammenhang mit ihm waren, die Christian letztlich zum Rücktritt vom Amt des Bundespräsidenten bewogen. Aber das war in den Abendstunden dieses 1. Juni noch Zukunft.

Während David und ich rätselten, worüber Angela Merkel und Christian sich wohl unterhalten könnten, sprach die Bundeskanzlerin tatsächlich mit Christian über eine eventuelle Kandidatur zum Bundespräsidenten. Etwa gegen Mitternacht schickte mir mein Mann dann eine SMS, dass es »etwas Besonderes« zu erzählen gäbe. Er kam zu uns ins Restaurant und als er von dem Inhalt des Gespräches mit der Kanzlerin berichtete, war ich nur perplex und sprachlos. Ich konnte mir nicht recht vorstellen, was das heißt und was es für Konsequenzen mit sich bringen würde. Ich war aufgeregt, die unterschiedlichsten Gedanken schwirrten in meinem Kopf herum. Was würde das für uns als Familie bedeuten? Was würde das für mich bedeuten? Was würde das für uns als Paar bedeuten? Ich konnte mir keine konkreten Antworten geben, wusste aber das eine ganz sicher: Es wäre eine totale Veränderung. Christian war sehr aufgewühlt, auch David Groenewold fand die Neuigkeit schlichtweg sensationell.

Christian und ich fuhren noch in der Nacht mit einem Auto der Landesvertretung Niedersachsen zurück nach Hause. Es gab Momente in den folgenden Stunden, da haben er und ich viel miteinander diskutiert, dann aber auch wieder hat jeder für sich Raum gesucht, um alleine nachzudenken. Christian wollte das sehr gerne machen, er wollte für das Amt des Bundespräsidenten kandidieren. Und auch ich wusste, dass es eine einmalige Gelegenheit für ihn war. Doch mich beschäftigte das Wissen, dass ich dafür meinen Job und somit einen Großteil meiner Unabhängigkeit aufgeben müsste. Ich müsste mich einordnen, ja sogar unterordnen, in das Leben meines Mannes. Meine Eltern, die zu dieser Zeit nur wenige Kilometer entfernt wohnten und eine wertvolle Stütze im Alltag waren – unter anderem wenn es darum ging, ganz spontan auf die Kindern aufzupassen –, würden dann über 300 Kilometer entfernt leben. Das Gleiche galt natürlich auch für Torsten, Leanders Vater. Und apropos Kinder: Auch sie müssten sich dem fügen, was wir als Paar beschließen.

Als eine Frau, die ihr Leben vorher längere Zeit als alleinerziehende Mutter sehr selbstbestimmt und eigenständig organisiert hatte, stand ich einem möglichen Amtsantritt von Christian und dem damit verbundenen Umzug nach Berlin sehr ambivalent gegenüber. Nach Linus' Geburt war ich zwölf Monate in Elternzeit gegangen. Den Job bei der Continental in Hannover hatte ich unterdessen gekündigt, da ich in der Presseabteilung bei der Drogeriekette Rossmann eine Arbeitsstelle gefunden hatte, die nur wenige Kilometer von unserem Haus in Großburgwedel entfernt war. Im Juni 2009 hatte ich bei Rossmann angefangen, war also gerade erst ein Jahr dort. Ich hatte mich eingearbeitet, hatte einen netten Chef und zwei nette Kollegen, ich freute mich, mit ihnen gemeinsam zu arbeiten. Mir lag und liegt es fern, nur die »Frau von ...« zu sein, nur Mutter zu sein, dazu ein eigenes Haus mit Garten zu haben, aber keinen Euro selbst zu verdienen. Ich werde dann unleidlich und das auch meinen Kindern gegenüber. Die Arbeit bei Rossmann stellte für mich einen elementaren Teil meines Lebens dar. Ich brauchte meinen Job, die Gespräche mit Erwachsenen, zu einem Team zu gehören, mich auch mit anderen Themen als Kinderkleidung, Kinderkrankheiten und Kinderspielzeug zu beschäftigen. Die Zeit im Büro war für mich ein wichtiger Ausgleich zum Mutterdasein und ich konnte, wenn ich Leander und Linus gegen 15 Uhr abholte, auch das Zusammensein mit meinen Söhnen mehr genießen und wertschätzen. Ich hatte Angst, meine Selbstständigkeit und Unabhängigkeit aufzugeben für etwas, was für mich noch so absolut unvorstellbar war.

Christian hatte Angela Merkel um Bedenkzeit gebeten. Er hatte ihr versprochen, sich bei ihr bis 12 Uhr zu melden und ihr seine Entscheidung mitzuteilen, ob sie ihn als Kandidaten benennen darf. Ich rief meine Eltern an, informierte sie über die Neuigkeit und bat sie, Leander und Linus noch für einen Tag bei sich zu behalten. Gegen 11 Uhr kamen dann noch der damalige Sprecher meines Mannes sowie der Chef der Staatskanzlei zu uns. Wir haben gemeinsam offen abgewogen. Am Ende des Redens aber schauten mein Mann und ich uns nur an und wussten beide: Sollten wir mit klarem Gewissen und gutem Glauben etwa sagen: »Lass mal bleiben, machen wir nicht!«? Nein. Es sprach einfach mehr dafür als dagegen.

Meine Eltern waren, wie fast alle Menschen, wie Freunde und Kollegen in meinem Umfeld, erst einmal überfordert, als wir davon erzählten: Es war eine zu skurrile Situation, um sie sich konkret ausmalen zu können. Meine Mutter wollte zu diesem Zeitpunkt auch lieber noch gar nicht damit anfangen. Denn das würde bedeuten, sich auch mit dem Gedanken zu beschäftigen, sich von den Enkelkindern trennen zu müssen. Auch meine beiden Arbeitskollegen und mein Chef fanden es zwar spannend, doch auch sie sagten, dass sie sich erst damit auseinandersetzen wollten, wenn Christian die Wahl tatsächlich gewann. Denn es würde bedeuten, dass ich das Team verlasse. Auch ich hätte gerne einfach die nächsten Tage bis zur Wahl, bis zur Entscheidung abgewartet, wäre einfach weiter zum Job gegangen, hätte einfach wie immer Linus und Leander nachmittags abgeholt, doch kaum war es offiziell, dass Christian für das Amt kandidieren wird, war es mit dem be- und gekannten Alltag vorbei. Die Interviewanfragen seitens der Presse häuften sich, alle wollten sie wissen, wie es sich anfühlt, was ich denke und was ich erwarte.

Natürlich dachte ich über Christians Chancen nach, die Wahl zu gewinnen. Aber ich fand es schwierig, diese klar einzuschätzen. Mit meinem Mann und mit Joachim Gauck traten zwei sehr unterschiedliche Kandidaten gegeneinander an. Unterschiedlich zum einen vom Alter her, der eine zum Zeitpunkt der Wahl gerade einmal 51 Jahre, der andere bereits 70 Jahre. Unterschiedlich in Bezug auf Herkunft und beruflichen Background, der eine Anwalt aus Westdeutschland, der andere studierter Theologe aus Ostdeutschland. Der eine, mein Mann, lebte für die Politik, hatte dort eine erfolgreiche Karriere gemacht. Der andere, Joachim Gauck, war parteilos. Das ziemlich Einzige, was die beiden in meinen Augen verband, war, dass sie beide für ihr Thema brannten. Der eine, Christian, sah seine Mission darin, Menschen zusammenzubringen, gerade auch Menschen verschiedener Kulturen und Religionen. Bei Joachim Gauck drehte es sich vor allem um das Thema »Freiheit«. Ich empfand diese beiden Männer als so verschieden, dass ich mir selbst kein Urteil darüber bilden wollte und konnte, wer die besseren Karten haben würde.

In der Woche ab Montag, 28. Juni 2010, Linus und Leander waren bei meinen Eltern, wurden Christian und ich vom Bundespräsidialamt in ein Hotel in Berlin-Mitte eingemietet. Mitarbeiter des Bundeskriminalamtes rückten an, überall wurden Überwachungskameras aufgestellt, überall standen Sicherheitsbeamte. Da schießt das Adrenalin schon durch den Körper. Es war befremdend, dass alle einen anschauten, versuchten, einen einzuschätzen, und mit den Blicken verfolgten. Ein leichtes Unbehagen regte sich in mir, doch vor allem war ich freudig angespannt, so kann man das Gefühl wohl beschreiben. Und so bin ich auch an dem Tag der Wahl, am Mittwoch, 30. Juni 2010, morgens gegen 6.30 Uhr aufgestanden. Annalena, Christians Tochter aus erster Ehe, hatte schulfrei und kam mit einer Freundin nach Berlin, auch Freunde aus Norderney reisten an, um die Wahl live zu verfolgen. Zunächst gab es um 9 Uhr einen ökumenischen Gottesdienst, bevor wir gegen kurz nach 11 Uhr im Reichstag ankamen. Es war seltsam, den Reichstag nicht als Besucherin zu betreten, sondern als ein Teil des Geschehens. Auf Schritt und Tritt verfolgten uns Journalisten und Kameraleute. Und dann, gegen 12 Uhr, begann die Wahl.

Während Christian unten, in der ersten Reihe des Plenarsaals, direkt neben Angela Merkel saß, hatte ich mit Annalena sowie ihrer Freundin und auch Daniela Schadt, der Lebensgefährtin von Joachim Gauck, auf der Ehrentribüne Platz genommen. Die nachfolgenden Stunden waren ein purer Nervenkrieg. Um 13.24 Uhr war der erste Wahlgang abgeschlossen. Um 14.07 Uhr stand das Ergebnis fest. Um 14.16 Uhr wussten wir: Christian ist durchgefallen. Es reichte im ersten Wahlgang nicht für die absolute Mehrheit. Um 23 Stimmen hatte er diese verpasst. Darum: Gegen 15.15 Uhr wurde der zweite Wahlgang eröffnet, gegen 16.15 Uhr war auch dieser zu Ende. Christian war angespannt. Während die Stimmen ausgezählt wurden, saßen wir im Büro des Bundestagspräsidenten. Dort hatten wir einen kleinen Bereich für uns. Wir verfolgten im Fernsehen gemeinsam die Berichterstattung, ich rief bei meinen Eltern an, erkundigte mich nach Leander und Linus, sprach mit Annalena über die Schule, wir versuchten uns abzulenken und die Emotionen nur nicht zu hoch kochen zu lassen. Etwa um 17.05 Uhr war klar: Es hatte wieder nicht gereicht. Christian sprach mit einigen Parteikollegen, ich ging kurz raus auf die Dachterrasse, um alleine zu sein. Um ein wenig die Anspannung in mir zu lösen und klare Gedanken fassen zu können. Ich spürte nach fast über sechs Stunden des ungewissen Wartens die körperliche Erschöpfung, aber auch noch immer das Adrenalin. Alleine zu sein, war unmöglich. Sogar auf die Dachterrasse folgten einem die Journalisten. Um 19.30 Uhr begann der dritte Wahldurchgang. Gegen 20.25 Uhr war auch dieser abgeschlossen. Und dann, um 21.15 Uhr, verkündete Bundestagspräsident Norbert Lammert: Mit 625 zu 494 Stimmen hatte Christian endlich die absolute Mehrheit erlangt. Obgleich einige von der SPD angesichts der drei nötigen Wahldurchgänge von einer »Klatsche« für Angela Merkel sprachen – unterm Strich zählte das Ergebnis: Christian war zum zehnten Bundespräsidenten der Bundesrepublik Deutschland gewählt worden. Ich wusste, dass er damit an diesem Mittwoch, dem 30. Juni 2010, am Ziel seiner Träume war. Und ich, ich war plötzlich die – wie von der Presse so oft geschrieben – bis dahin

»jüngste First Lady« des Landes. In dem Moment konnte ich das weder realisieren noch einordnen.

Auch einige Stunden später, am nächsten Morgen, gelang mir dies noch nicht. Die Stunden vergingen zu schnell und in diesen Tagen passierte viel zu viel, um es in den wenigen Augenblicken zu begreifen. Am Montag, 28. Juni 2010, waren Christian und ich noch in Berlin abends die Gastgeber für das Sommerfest der Landesvertretung Niedersachsen gewesen. Am Mittwoch, 30. Juni, wurde Christian zum Bundespräsidenten gewählt. Am Freitag, 2. Juli, folgten seine Vereidigung und abends wieder ein Fest, bei dem wir die Gastgeber waren. Der Ort war aber nun das Schloss Bellevue und es war das Sommerfest des Bundespräsidenten. Es war irre heiß, knapp über 30 Grad. 5000 Gäste schwirrten um mich herum, 65 Köche, 200 Servicekräfte, an die 300 Künstler, darunter auch Rocksänger Peter Maffay – Zahlen und Namen, die ich am nächsten Tag in der Presse las. Ich selbst nahm all das um mich herum noch gar nicht wirklich wahr. Ich schüttelte quasi im Minutentakt irgendeine Hand, lächelte und kam mir bei alledem ein wenig vor wie eine Statistin bei dem Dreh für einen großen Kinofilm.

Der Alltag als Bundespräsident holte Christian schnell ein. Er wohnte die ersten Tage zunächst weiter in dem Hotel in Berlin, zog dann aber um in die Zweizimmerwohnung im Schloss Bellevue, absolvierte Antrittsbesuche in Polen, Österreich und Frankreich und reiste zur Fußballweltmeisterschaft nach Südafrika. Zwar war über Christian natürlich bereits als Ministerpräsident viel berichtet worden, dies aber mehr in der regionalen Presse. Ihn nun permanent in den gesamten Printmedien und

auch verstärkt im Fernsehen zu sehen, war ebenso gewöhnungs-
bedürftig wie die Tatsache, dass plötzlich andere Menschen,
völlig fremde Menschen, meinen Mann als »Herr Bundespräsident« ansprachen.

Ich musste mich in diesen Alltag hineinleben, und das ging
nicht von heute auf morgen, auch wenn es das Protokoll im
Grunde so vorsah. Doch ich konnte nicht binnen weniger Tagen mein komplettes Leben umkrempeln und ich wollte es auch
nicht. So habe ich die folgenden vier Wochen noch bei Rossmann gearbeitet. Für wichtige Termine wie etwa den Antrittsbe-
such in Belgien, nahm ich mir frei. Erst Ende Juli verabschiedete
ich mich von meinen Arbeitskollegen und es fiel mir wahrlich
nicht leicht. Aber viel Zeit, darüber nachzudenken, gab es einfach nicht.

Wenn es eine Veranstaltung gab, wie zum Beispiel am Montag,
2. August, die Trauerzeremonie zur Love-Parade in Duisburg,
bei der auch ich anwesend sein sollte, stand ich frühmorgens
gegen 5.30 Uhr auf, las mich fix noch in ein paar Unterlagen
zu dem Termin ein, weckte gegen 7 Uhr Leander und Linus und
machte wenige Minuten später meiner Mutter die Haustür auf.
Sie kümmerte sich dann um das Frühstück für die Jungs, während ich mich in ein Kostüm oder einen Hosenanzug zwängte,
schminkte, um dann wiederum einige Minuten später in den
Zug oder das Auto zu steigen und Richtung Berlin zu fahren.
Dann ging es im Flieger Richtung Duisburg, vor Ort Hände
schütteln, Posieren für die Fotografen, ein wenig Small Talk,
und schon ging es nachmittags wieder zurück in den Alltag
nach Großburgwedel. Dort warteten nicht nur Leander und

Linus, um vom Hort beziehungsweise von der Kita abgeholt zu werden, sondern auch ein kompletter Haushalt. Denn unsere Haushaltshilfe hatte einige Wochen zuvor verkündet, sie sei schwanger. Also wischte die Frau, die wenige Stunden zuvor noch irgendwelche Ministerpräsidenten oder Staatshäupter anderer Länder begrüßt hatte, schnell noch Staub, räumte die Spülmaschine ein, saugte durchs Wohnzimmer, stellte gegen 19 Uhr den Söhnen ein Abendbrot auf den Tisch, um sie dann gut eine Stunde später ins Bett zu bringen und ihnen noch eine Gutenachtgeschichte vorzulesen.

Ich fühlte mich total überlastet. So gern ich für diese paar Stunden in Berlin war und mir dies Spaß machte, weil es etwas Neues war, so sehr war es auch ein Wandel zwischen den Welten, der an meine Substanz ging. Das Dasein als Gattin des Bundespräsidenten, es war total abgekoppelt von dem Leben, das Leander, Linus und ich noch in Großburgwedel führten. Und es war ganz einfach der pure Stress. Denn immer und überall, wo ich war, hatte ich die Uhr im Kopf. Sei es morgens, damit ich rechtzeitig den Zug nach Berlin erwische, oder am Nachmittag, damit ich rechtzeitig wieder zurückkomme. Ich musste in Berlin spätestens die Bahn gegen 14.30 Uhr nach Hannover-Hauptbahnhof schaffen, um die Jungs noch vor 17 Uhr, vor dem Schließen von Hort und Kita abzuholen. Zumeist war es eine absolute Punktlandung und die Jungs waren bereits die letzten Kinder in der Betreuung und saßen daher oftmals schon in Jacke und Schuhen etwas verloren da und warteten auf mich. Ein schlimmer Anblick, der mir jedes Mal die Kehle zuschnürte.

Gut erinnere ich mich noch an einen Tag, als ich nach einigen Gesprächen in Berlin ebenjenen Zug Richtung Hannover verpasste. Zwar wurde ich dann von einem Fahrer des Bundespräsidialamtes nach Hause gefahren, doch jeder, der die Strecke Berlin–Hannover kennt, weiß, dass man schon froh sein kann, wenn man nur etwas mehr als zweieinhalb Stunden mit dem Auto unterwegs ist. Viel zu lang, um die Jungs noch pünktlich abholen zu können. Meine Mutter war an diesem Tag beim Arzt, mein Vater wollte sie begleiten. Torsten, Leanders Vater, war beruflich in Süddeutschland unterwegs und so saß ich im Auto und telefonierte erst einmal einige Eltern anderer Kita-Kinder ab, um sie zu bitten, Leander und Linus mit zu sich nach Hause zu nehmen. Dieses Bittstellen war mir unangenehm. Auch weil ich mir nicht ausmalen wollte, was möglicherweise der eine oder andere Vater, die eine oder andere Mutter dachte. Von wegen: Jetzt ist der Wulff Bundespräsident und schon werden die Kinder aufs Abstellgleis geschoben.

Mich plagten Schuldgefühle und ich nahm es in dieser Zeit auch dem ganzen Apparat »Bundespräsidialamt« übel, dass sie nicht realisierten, unter welchem innerlichen Druck ich stand. Das Amt der Frau des Bundespräsidenten war zu diesem Zeitpunkt absolut untauglich für Mütter mit kleineren Kindern. Was ja fast schon etwas paradox ist. Da gibt es von der Regierung ein Gesetz über Teilzeitarbeit, doch an höchster Stelle ist dies in keiner Weise umsetzbar.

Auf der Suche nach einer wenigstens teilweisen Lösung des Stresses kam mir die Idee, ein Au-pair-Mädchen aufzunehmen. Sie sollte zunächst mit den beiden Jungs und mir in Großburgwedel wohnen und uns später dann mit nach Berlin begleiten. Auch Christian fand den Vorschlag gut, und so kam Mitte August über den Verein für internationale Jugendarbeit der Diakonie Maria[*] zu uns. Sie stammte aus Südamerika, war Anfang 20 und, um es vorwegzunehmen: Es funktionierte überhaupt nicht, leider. Bei uns im Haushalt herrschte ein tierischer Takt und manchmal auch ein dementsprechender, von meiner Seite aus teils »militärischer«, Ton, wie meine Mutter mir einmal sagte. Sicher stimmt das ein Stück weit. Zwar albere ich gerne mit Leander und Linus herum, wir machen Quatsch, können stundenlang zusammen im Garten Fußball spielen, aber wenn ich unter Druck stehe, es einen Termin oder eine feste Verabredung gibt, dann müssen die Kinder einfach mal auch nur funktionieren.

Im Zusammenleben zwischen Maria und mir trafen zwei zu unterschiedliche Mentalitäten und Organisationsgeschwindigkeiten aufeinander, zwei völlig verschiedene Typen von Mensch: Auf der einen Seite war da die gelassene, etwas chaotische, äußerst gemütliche Südamerikanerin, auf der anderen Seite die durchgeplante, organisierte, gestresste Norddeutsche. Nach sechs Wochen habe ich aufgegeben. Maria war ein liebes Mädchen, aber sie war zu langsam, sehr schüchtern und sehr introvertiert. Das war nicht nur eine herbe Ernüchterung, es fiel mir auch ungemein schwer, es Maria zu sagen. Zum einen, weil ich mich verantwortlich für sie fühlte. Sie war aus ihrer Heimat hierhergekommen, hatte ihre Familie verlassen, um hier zu arbeiten. Sie hatte sonst keinen anderen außer uns, war buchstäb-

---

[*] Der Name wurde zum Schutz der Persönlichkeitsrechte geändert.

lich mutterseelenallein. Zum anderen wusste ich, dass Maria sich bemühte, aber es veränderte sich zu wenig, zu langsam. Zu oft bin ich mit einem unsicheren Gefühl nach Berlin gefahren, fragte mich Dinge wie »Holt Maria auch pünktlich Leander und Linus ab?« oder »Denkt Maria daran, den Herd auszumachen, wenn sie den Jungs etwas gekocht hat?«. Es war eine zusätzliche Belastung. Phasenweise dachte ich, mich plötzlich um drei Kinder kümmern zu müssen.

Maria blieb bei uns, bis wir eine neue Familie für sie gefunden hatten.

Es mag ungerecht sein, doch nach der Erfahrung mit Maria wollte ich nicht noch einmal einen Versuch mit einem Au-pair-Mädchen wagen. Zumal man die Wochen bis zum Umzug von mir und den Kindern nach Berlin jetzt an einer Hand abzählen konnte. Christian und ich hatten beschlossen, gezielt in der Hauptstadt nach einer Kinderfrau zu suchen. Dies bedeutete jedoch, dass ich bis dahin einmal wieder die Alleinerziehende war, dazu der Haushalt an den Hacken und die Pflichten der Frau des Bundespräsidenten. Und als Letztere dann vielleicht zu sagen: »Nee, sorry, liebe Leute, ich kann da heute nicht bei der Gedenkfeier zum Volkstrauertrag im Deutschen Bundestag teilnehmen. Mein ältester Sohn hat eine fiese Erkältung, liegt mit Fieber im Bett« – Pustekuchen. Das hätte dann gleich wieder für Gesprächsstoff gesorgt, beispielsweise ob denn die werte Frau Wulff sich über die Aufgaben einer Bundespräsidentengattin im Klaren sei, und bestimmt hätte der eine oder andere Journalist eventuell auch infrage gestellt, inwiefern mein Sohn wirklich krank ist und spekuliert, ob es da nicht doch noch ganz andere

Gründe geben könnte. Nein, solche Termine waren nicht abzusagen und ich kann es gar nicht oft genug betonen: Zum Glück hatte ich meine Eltern, vor allem meine Mutter, die an solchen Tagen, wenn Leander oder Linus tatsächlich krank waren, für mich einsprang. Die Sache an sich machte dies aber nicht besser. Denn selbstverständlich kamen ganz schnell bei mir wieder die Schuldgefühle auf, keine gute Mutter zu sein. Meine Kinder zu vernachlässigen.

So gab es in diesen ersten Monaten durchaus den einen und anderen Moment, wenn ich abends alleine in Großburgwedel saß, nach einem Tag als Mutter, als »First Lady« des Landes und als Ehefrau, in denen ich mich fragte, ob es das wirklich alles wert sei. Ich war körperlich am Ende, einfach matt und ausgelaugt. Meine Gesichtshaut schlug bereits Alarm, war trockener, brannte und war ständig gerötet. Und das, wo es gerade erst begonnen hatte. Meinem Mann gegenüber verschwieg ich meine Gefühle und Gedanken. Ich wusste, dass er genug um die Ohren damit hatte, sein neues Amt auszufüllen. Neue Menschen, neue und so viele Termine. Zu den Reisen kam das Alltagsgeschäft, all die administrativen Aufgaben wie Orden verleihen, Botschafter zu akkreditieren und zu verabschieden, Ehrenamtliche für ihr Engagement auszuzeichnen – auch das gehörte zu Christians Pflichten, und er war so sehr mit dem Komplettpaket »Bundespräsident« beschäftigt, dass er nicht realisierte, wie es mir ging. Es fehlte auch die Zeit, darüber zu sprechen. Über uns im Einzelnen, aber auch über uns als Familie und als Paar. Zwar telefonierten Christian und ich abends regelmäßig miteinander, doch jeder von uns beiden merkte, dass der andere eigentlich schon viel zu müde ist, um zu reden.

Jetzt, im Rückblick, habe ich bereits des Öfteren gedacht, dass wir häufig in diesen ersten Monaten nach Christians Wahl zu sehr mit uns selbst beschäftigt waren und vor lauter »Funktionieren-Müssen« das Beziehungsleben so gut wie auf der Strecke blieb. Es fehlte der Austausch, das aktive Teilnehmen am Leben des anderen. In dieser Zeit hatte wirklich jeder mit sich selbst zu kämpfen. Lange wäre diese Situation nicht gut gegangen, und so war es sicher wichtig, dass auch die Kinder und ich am Morgen des 2. Weihnachtsfeiertages die letzten Umzugskisten packten und uns aufmachten in Richtung neues Zuhause Berlin.

5 Die Hauptstadt

»Ach so, Sie wohnen gar nicht in dem Schloss?!« Herrje, ich weiß nicht, wie oft ich diesen Satz als Frau des Bundespräsidenten gehört habe und immer nur lachend den Kopf schüttelte. Es ist nach wie vor ein weitverbreiteter Irrglaube, dass wir als Bundespräsidentenfamilie im Schloss Bellevue gelebt haben. Aber diese Möglichkeit war von vornherein aus Platzgründen ausgeschlossen. Es gibt im Schloss zwar eine Dreizimmerwohnung, knapp 60 Quadratmeter groß, in der Christian zunächst die Monate nach der Wahl lebte. Doch ansonsten ist das Schloss Bellevue komplett auf die Funktion als Amtssitz und damit Arbeitsstelle des Bundespräsidenten ausgerichtet.

Bereits Christians Vorgänger, Horst Köhler, wohnte daher mit seiner Frau Eva Luise in der Pücklerstraße 14 im Stadtteil Dahlem. Dort steht eine recht herrschaftliche Villa, die 1912 ursprünglich für einen Fabrikbesitzer errichtet, Anfang der 1960er-Jahre von der Bundesrepublik gekauft wurde und der Regierung lange als Gästehaus diente. Später, Ende der 1990er Jahre und nach einer aufwendigen Umbauphase, war die Villa dann kurzzeitig das Zuhause des damaligen Bundeskanzlers Gerhard Schröder.

Christian und ich zogen gar nicht erst in Erwägung, uns andere Wohnungen oder Häuser in Berlin anzuschauen, denn keine Immobilie hätte die notwendigen Sicherheitsvorkehrungen er-

füllt und wir wollten nicht noch einmal derartige Umbaumaßnahmen wie in Großburgwedel erleben. So stand für uns von
vornherein fest, dass wir als Familie ebenfalls wie das Ehepaar
Köhler in die Pücklerstraße 14 ziehen würden. Die Villa war
bereits mit Fensterscheiben aus Panzerglas gesichert, es gab eine
Videoüberwachungsanlage und ein unmittelbar am Eingang
mit grünem Naturstein verkleidetes Wachhaus, von dem aus
Polizisten jeden, der das Grundstück betrat, ins Visier nahmen
beziehungsweise kontrollierten. Überdies befand sich im Keller
des Hauses eine autarke Polizeistation, die mit etwa drei Beamten ebenfalls rund um die Uhr besetzt war.

Überdies ist das Haus ganz auf die Aufgaben und Anforderungen eines Staatsoberhauptes zugeschnitten. So macht die Villa optisch durchaus etwas her. Mit ihrer weiß verputzten Fassade, den hohen Sprossenfenstern, dem roten Walmdach, der
Freitreppe, dem Garten und der längeren Auffahrt mit kleinem
Rasenrondell vor dem Haus erinnert sie ein wenig an die Archi-
tektur englischer Landhäuser. Im Erdgeschoss befindet sich der
repräsentative Bereich, etwa 200 Quadratmeter groß, mit einer
Hauswirtschaftsküche, einem Arbeitszimmer, einem Salon mit
Kamin, einem Esszimmer und einem Musikzimmer, in dem ein
Flügel steht.

Vielleicht liegt es daran, dass das Haus ständig von anderen
Menschen bewohnt wird. Dass es mehr ein Kommen und Gehen als ein Bleiben ist, weshalb dieses Haus keine wirkliche Seele hat. Dies mag seltsam klingen, doch genau so habe ich es
empfunden, als ich die Villa zum ersten Mal betrat. Trotz der
großzügigen Räumlichkeiten fühlte ich mich eher belastet, die

Atmosphäre bedrückte mich. Ich vermisste so etwas wie einen persönlichen Charme. Mir fehlten die Wärme und das Gefühl von Zuhause.

Für die untere Wohnung, die repräsentativen Räume, kauften wir erst einmal zwei neue beigefarbene Stoffsofas und peppten die in meinen Augen eher altmodische, aber vielleicht auch nur viel zu gediegene Einrichtung mit ein paar großen Blumenvasen und mit Kerzen auf. Wir wollten allem einen modernen Touch geben und haben so zum Beispiel von einem Hamburger Künstler ein buntes abstraktes Wandbild über die Treppe, die hinauf zum ersten Stock führt, malen lassen. Aus dem Museum für gegenstandsfreie Kunst in Otterndorf suchten wir als Leihgabe verschiedene Bilder zeitgenössischer Kunst aus, die dann verteilt im unteren Bereich hingen. Den Esstisch aus lasiertem Holz übernahmen wir von den Köhlers, ließen aber helle Hussen über die Stühle ziehen. Auch das schwarz eingerichtete Arbeitszimmer übernahm mein Mann.

Ich denke, es lag auch an der zwar großen, aber dunklen, auf mich düster wirkenden Holztreppe, die von der Empfangshalle in den ersten Stock führte, dass ich eine gewisse Beklommenheit spürte. Würden sich Leander und Linus hier überhaupt wohlfühlen?, fragte ich mich unsicher bei der ersten Besichtigung. Natürlich war alles opulent, doch eben in keiner Weise, sagen wir, warm und kuschelig. Die Villa vermittelte mir kein Gefühl von Geborgenheit, wie es unser Haus in Großburgwedel tat.

Die Wohnung in der ersten Etage ist rund 150 Quadratmeter groß und hat einen gut erhaltenen Parkettfußboden. Bevor wir einzogen, gab es dort ein Schlafzimmer mit begehbarem Kleiderschrank, eine Abstellkammer, ein weiteres Arbeitszimmer, ein Wohnzimmer, selbstverständlich ein Bad und eine Küche. Für ein allein stehendes Paar reichte das absolut aus, doch für uns als Paar mit zwei Kleinkindern plus Christians Tochter Annalena, die uns manchmal besuchen kam, war die Wohnung eher unglücklich geschnitten. Auch die großen Milchglasscheiben, die die Küche vom Wohnzimmer trennten, waren in keiner Weise kindgerecht. Überdies hatte man in der Bausubstanz krebserregende Stoffe gefunden und das Dach war so gut wie nicht isoliert und undicht. So wurde zum einen grundsaniert, aber auch umgebaut, um eine familientaugliche Wohnung zu schaffen. Wir ließen eine neue Wand ziehen, sodass aus der Abstellkammer und einem Teil des begehbaren Kleiderschrankes ein circa zwölf Quadratmeter großes Kinderzimmer für Linus wurde. Das Arbeitszimmer verwandelten wir in das Reich von Leander. Im Obergeschoss, wo es inklusive Badezimmer noch einmal eine Fläche von rund 50 Quadratmetern gab, richteten wir das eine Zimmer für Annalena beziehungsweise die Kinderfrau ein, das andere war für Gäste wie etwa meine Eltern gedacht.

Neben den größeren Umbaumaßnahmen musste aber auch erst einmal in der Küche eine richtige Dunstabzugshaube eingebaut werden, ebenso ein größerer Herd und vor allem Ablage- und Arbeitsflächen. Dass es solche Dinge vorher nicht gab beziehungsweise diese nicht voll funktionstüchtig waren, verdeutlichte uns unsere, sagen wir, Ausnahmesituation. Wir waren das erste Bundespräsidentenpaar mit zwei kleineren Kindern. Eine junge Familie, irgendwo mitten im Leben stehend mit ganz natürlichen Bedürfnissen, und genauso brauchten wir ein Zuhause, das dem entsprach.

Die repräsentative Wohnung im Erdgeschoss und die private Wohnung im ersten Stock sind zwei völlig voneinander getrennte Angelegenheiten, werden daher auch komplett separiert abgerechnet. Grundsätzlich steht dem Bundespräsidenten eine Dienstwohnung in Berlin zu, da die Hauptstadt sein Arbeitssitz ist und er von dort aus repräsentieren soll. Der geldwerte Vorteil für die Wohnung wurde mit monatlich 3500 Euro berechnet und entsprechend versteuert.

Das Haus in Großburgwedel für die Villa in Berlin aufzugeben, wäre mich für mich nie infrage gekommen. Dafür verbindet mich mit dieser niedersächsischen Kleinstadt einfach zu viel und dafür fühlte ich mich in unserem Haus auch zu wohl. Darum, um mit Großburgwedel auch so etwas wie einen Rückzugsort zu haben, nahmen wir von dort kaum Möbel mit. Im Grunde waren es wirklich nur die Spielsachen, dazu unsere Anziehsachen und ein großes Trampolin, die mit nach Berlin kamen. Ansonsten aber kauften wir die Einrichtung für zwei Kinderzimmer neu, auch gab es ein neues Ehebett, einen neuen Fernseher, einen Esstisch mit Stühlen, ein neues Sofa und einen kleinen Wohnzimmertisch. Diese Möbel stehen heute übrigens größtenteils in Großburgwedel.

Gleichfalls wie der häufige Irrglaube, wir hätten im Schloss Bellevue gelebt, herrschte die Meinung vor, wir hätten mehr als eine Handvoll Bedienstete bei uns im Haus. Ich weiß nicht, warum diese Gedanken in vielen Köpfen herumschwirrten, aber ich merkte bei dem einen und anderen, der uns privat besuchte, etwa Eltern von Leanders Schulkameraden, das große Erstaunen. Zwar gab es eine Reinigungskraft, doch die kümmerte sich nur um die unteren, repräsentativen Räume. Auch der Koch aus dem Schloss Bellevue kam nur zu uns nach Dahlem, wenn wir offizielle Gäste im Haus empfingen. Toll war jedoch, dass es eine Hausintendanz sowohl für meinen Mann wie auch für mich gab, die uns auf den Dienstreisen begleitete, vor einem Staatsbankett schnell das Abendkleid dämpfte oder den Anzug noch einmal frisch aufbügelte. Aber ging es um unsere privaten Belange, wie etwa das Putzen unserer Privatwohnung, so übernahm ich dies selbst. Zusätzlich haben wir von der Aufwandspauschale meines Mannes in Höhe von monatlich 6500 Euro, die er als Bundespräsident bekam, privates Personal bezahlt. So etwa die Hausdame, die sowieso für die unteren repräsentativen Räume zuständig war. Sie machte auch unsere Wäsche und die Betten, und so musste ich tatsächlich 598 Tage kein Oberhemd bügeln, was schon Luxus war. Überdies mussten wir eine Kinderfrau in Vollzeit anstellen, damit ich meinen Pflichten, wie etwa Auslandsreisen, nachkommen konnte.

So herrschaftlich und für einige sicher auch imposant wirkend diese Villa in Dahlem auch sein mag, ich konnte mich mit dieser Wohnsituation, mit diesem Haus, nie so richtig anfreunden. Der Grund war neben der fehlenden Behaglichkeit vor allem das Gefühl der permanenten Überwachung. Selbst wenn ich die Tür zu unserer privaten Wohnung schloss, fühlte ich mich beobachtet. Selbst wenn ich dann auf dem Sofa vor dem Fernseher saß oder abends im Bett lag und die Beamten in ihrem kleinen Häuschen überhaupt nicht mehr sehen konnte, spürte ich sie in meiner

Nähe. Paradoxerweise ließ mich dieses Wissen, dass die Polizisten 24 Stunden, sieben Tage die Woche, darüber wachen, wer das Gründstück betritt, und somit zuständig waren für den Schutz unserer Familie, nicht abschalten. Ich fühlte mich nicht privat, nicht richtig relaxt, sondern stets kontrolliert, und das eben auch in meinem vermeintlichen Zuhause. Bestimmt lag dies auch an den teilweise wirklich absurden Vorschriften, als solche sah ich sie zumindest an. So durften etwa die Fenster nicht mehr geöffnet werden, wenn Christian als Staatsoberhaupt im Hause war. Aber erklären Sie das einmal einem Knirps von zweieinhalb Jahren, der gerne auf den Balkon flitzen will, und das vor allem im Hochsommer, wenn man abends endlich einmal die Möglichkeit hat, durchzulüften?! Nein, an diese Regeln haben wir uns nicht gehalten. Zwar gibt es im Haus auch eine eigene Belüftungsanlage, die im Falle eines Anschlags die Luftzirkulation regelt, doch da habe ich wirklich lieber die Fenster geöffnet und Frischluft getankt.

Immer überlegen zu müssen: Was darf ich in diesem Haus? Was kann ich, was soll ich, was muss ich? – das war kräfteraubend. Man macht nicht einfach, sondern man und wägt nahezu jeden Schritt ab. Laufe ich zum Beispiel bei uns in Großburgwedel auch schon mal im Jogginganzug durchs Haus, war dies in Berlin, in der Pücklerstraße 14, für mich undenkbar. Auch morgens nach dem Aufstehen im Nachthemd auf den Balkon zu gehen, tief Luft zu holen, sich zu recken, den Tag zu begrüßen – in Berlin habe ich mir das verkniffen. Gleichfalls mich zum Beispiel im Bikini oder auch nur in kurzen Shorts mit T-Shirt auf die Terrasse zu setzen und ein wenig Sonne zu tanken. Einen Hintergarten gab es nicht und der vordere Grünbereich war von allen Seiten der Straße aus einsehbar. Auch wenn sie nicht geschaut hätten oder wenn sie höflicherweise so getan hätten, als würden sie nicht schauen – ich spürte die Blicke der Beamten immer in meinem Nacken. Dazu möchte ich sagen, dass die Beamten alle sehr, sehr freundlich waren und selbstverständlich nur ihren Job machten und sie persönlich nichts dafür können, dass ich trotzdem die ganze Situation als sehr einengend und einschränkend empfand.

Das Wohnen in Berlin war das eine, das andere das Arbeiten. Ich hatte nicht wirklich einen Schimmer davon, was mich als Frau des Bundespräsidenten erwartet und was von mir eventuell erwartet wird. Woher auch? Blättert man in Zeitungen und Magazinen, gewinnt man, so finde ich, schnell den Eindruck, dass die Frau des Bundespräsidenten vor allem nur die Begleitung ihres Mannes ist. Eine Frau, die bei Empfängen nett auszusehen und zu lächeln hat und die ihr gereichten Hände schüttelt. Umso überraschter war ich, als mir zum ersten Mal meine eigene Sekretärin gegenüberstand, ebenso noch meine persönliche Referentin, und diese beiden mir dann meine eigenen Büroräume im Schloss Bellevue zeigten. Als ich das Büro betrat, war ich salopp gesagt echt baff und schwer beeindruckt. Das Büro der Frau des Bundespräsidenten befindet sich im Seitenflügel, im ersten Stock im Schloss Bellevue. Von dort aus blickte ich in den Rosengarten, auf der Wiese sah ich häufig Eichhörnchen vorbeiflitzen, manchmal sogar einen Fuchs. Und wenn ich am Schreibtisch saß, schaute ich auf eines von Berlins Wahrzeichen, die Siegessäule mit der Siegesgöttin Viktoria, die in ihrem damals gerade frisch sanierten goldenen Kleid glänzte. Genauso kitschig, wie das klingen mag, genauso schön war es.

Die Sekretärin im Bundespräsidialamt, speziell zuständig für die Bundespräsidentengattin, arbeitet bereits seit knapp 20 Jahren in dieser Position. Nicht nur, dass sie somit schon so einige meiner Vorgängerinnen begleitet hat, sie ist eine sehr organisierte Frau und ich war heilfroh, sie als quasi »Frischling« mit ihrer Erfahrung an meiner Seite zu haben. Sie ist, im Positiven, so verwachsen mit dem Amt, kennt alle Abläufe, kennt alle Ansprechpartner und Regularien. Es gab mir ein Gefühl der Sicherheit.

Mein Arbeitstag als Frau des Bundespräsidenten begann zumeist etwa gegen 9.30 Uhr. Vorher habe ich zu Hause in der Pücklerstraße für Leander und Linus das Frühstück gemacht, danach brachte uns die Polizei im Wagen zur Kita beziehungsweise Schule und danach mich weiter zum Schloss Bellevue. Ich versuchte, die Präsenz im Büro auf vier Tage in der Woche zu beschränken. Womit ich nicht gerechnet hatte, war, wer da plötzlich alles etwas von einem möchte. Die unterschiedlichsten Vereine und Verbände wandten sich an mein Büro, luden mich zu Veranstaltungen ein, erkundigten sich, ob ich nicht die Schirmherrin bei ihnen werden wolle oder ob ich ein Grußwort sprechen oder einen Vortrag bei einer Veranstaltung von ihnen halten könne. Derartige Anliegen zu beantworten, übernahm zum großen Teil meine persönliche Referentin. Anfangs hatte ich noch die persönliche Referentin von Frau Köhler, doch bereits nach einigen Wochen merkten wir beide, dass es zwischen uns nicht so harmonierte. Daher haben wir die Stelle ausgeschrieben und neu besetzt. Meine persönliche Referentin regelte für mich vor allem sämtliche Terminanfragen und -vorbereitungen, wozu auch das Schreiben von Reden und Vorträgen zählte. Es freut mich übrigens, dies nur am Rande bemerkt, dass sie mit dem Amtsantritt des neuen Bundespräsidenten Joachim Gauck nun auch für dessen Lebensgefährtin Daniela Schadt zuständig ist.

Was meine persönliche Referentin nicht für mich übernehmen konnte, waren die zahlreichen Termine selbst. Zum Beispiel die Einweihung eines Wohnprojektes in Köln für HIV-Infizierte, Vorlesestunden in diversen Kindergärten und Schulen, einen Vortrag beim Bayerischen Hospiz- und Palliativverband, der Besuch eines Mehrgenerationenhauses in Bremen. Dazu die Veranstaltungen für die verschiedenen Stiftungen und Einrichtungen wie das Müttergenesungswerk und UNICEF, für die ich mich einsetzte. Aber dazu später mehr.

Ergo: Als Frau des Bundespräsidenten ist man wahrlich mehr als nur das schmückende Beiwerk des Mannes. Die Position auszufüllen ist ein Fulltime-Job. Von einer 40-Stunden-Woche konnte ich nur träumen, haufenweise fallen Überstunden aufgrund von Abendterminen und Dienstreisen an. Daher ist es fast ein Hohn zu erwähnen, dass diese Arbeit wie selbstverständlich vom Bundespräsidialamt vorausgesetzt, aber nicht vergütet wird. Mit Zynismus könnte ich anmerken, dass man als First Lady natürlich für das Land und die Ehre arbeitet. Aber das ist wohl so ähnlich wie die Luft und die Liebe, die dann auch nicht zum Leben ausreichen. Die finanzielle Abhängigkeit von meinem Mann machte mir zu schaffen. Es fiel mir schwer, es war gegen mein Naturell, die Hand aufzuhalten und um etwas zu bitten. Zum Glück sagte Christian von sich aus, dass er mir von seinem Gehalt den Nettobetrag überweisen würde, den ich zuletzt als Pressereferentin bei Rossmann verdient hatte.

Wenn ich an die Hauptstadt denke, dann denke ich vor allem aber auch an eine bestimmte Person: Angela Merkel. Zum einen, weil sie es war, die Christian überhaupt erst die Chance eröffnete, für das Amt des Bundespräsidenten zu kandidieren, und damit den Weg ebnete in Richtung Berlin. Zum anderen, weil sie natürlich unweigerlich als Bundeskanzlerin mit Berlin verknüpft ist und überdies auch gemeinsam mit ihrem Mann bei uns in der Pücklerstraße gelegentlich zu Gast war.

Angela Merkel ist für mich eine wahnsinnig beeindruckende, straighte Frau. Ich finde, sie strahlt so eine ganz eigene Coolness aus, die ich an ihr bewundere. Klar dachte ich anfangs, ganz ähnlich wie bei Christian, die geht zum Lachen sicher in den Keller, aber da lag ich weit daneben. Ähnlich wie Christian hat sie über die Jahre einfach gelernt, ihre Emotionen in der Öffentlichkeit stark zu kontrollieren und das Bild, was dadurch Außenstehende gewinnen, ist dann zumeist völlig anders als die Realität. So finde ich es immer sehr schade, wenn Angela Merkel parodiert wird und es dabei zumeist um ihren Dialekt beziehungsweise ihre Aussprache geht, um ihre Frisur und gerne auch die heruntergezogenen Mundwinkel. Ich habe sie als einen Menschen mit einem tollen Humor, mit sehr viel Ironie und einem ausgeprägten Gespür für andere Menschen kennengelernt. Wenn sie mit ihrem Mann bei uns zum Abendessen war oder auch ohne ihn bei uns alleine auf dem Sofa saß, bei ein wenig Käse, Brot und Rotwein, hatte ich den Eindruck, dass sie auftaute. Angela Merkel erzählte an diesen Abenden gerne von den Wochenenden mit ihrem Stiefenkel oder dem engen Verhältnis zu ihrer Mutter. Auch scherzte sie stets mit Leander und Linus, völlig unverkrampft und in keiner Weise aufgesetzt wirkend, und so ist es kein Wunder, dass Leander sich immer freute, wenn sie kam, und heute noch häufiger fragt, wann wir sie mal wieder sehen.

Ich glaube schon, dass sie sich bei uns wohlfühlte, und denke auch, ein Stück von dem Menschen hinter der Fassade kennengelernt zu haben. Es hat mich berührt, dass sie mir nachts, nach der Wahl von Christian zum Bundespräsidenten, das Du anbot, und es hat mich ebenso sehr gefreut, dass sie sich auch nach Christians Rücktritt bei mir meldete und fragte, ob wir uns einmal in Berlin treffen wollten, einfach so. Das haben wir dann auch irgendwann Mitte April 2012 getan. Es war ein offenes, herzliches Gespräch, in dem Angela Merkel sich nach meinen Plänen erkundigte und auch anbot, mich zu unterstützen, wenn Bedarf bestehe. Und ich weiß, dass sie diese Worte ernst meinte.

Als Frau des Ministerpräsidenten eines Bundeslandes war ich noch eine von vielen und für viele daher auch gar nicht so interessant. Aber als Frau des Bundespräsidenten war ich die Einzige, und so habe ich in Berlin auch den letzten Fitzel an Privatsphäre abgeben müssen. Es wurde alles öffentlich, selbst so etwas Profanes wie der Besuch des Fitnessstudios. Wenn ich die Tür zur

Umkleide aufmachte, wurde es ab und an merklich leiser. Hier und da tuschelten Frauen und ich wusste, was sie sagten und dachten: »Ist sie das? Ja, sie ist das.« Und dann wurde erst einmal ausgiebig taxiert und begutachtet. Da geht einem der Spaß am Sport ganz schnell flöten.

Neben all den vielen Terminen war es somit auch aufgrund des Status', die Frau des Staatsoberhauptes zu sein, für mich schwierig, privat Menschen kennenzulernen, möglicherweise sogar neue Freundinnen in Berlin zu finden. Daher war ich sehr froh, dass es Katrin gab. Wir trafen uns im Frühjahr 2009 auf dem 40. Geburtstag einer gemeinsamen Freundin in Hannover und Katrin, ursprünglich auch aus Hannover, erzählte, dass sie nun ebenfalls in Berlin leben würde. Und, wie der Zufall es so wollte, sogar auch in Dahlem, Luftlinie nur 300 Meter von uns entfernt. Katrin wurde damit für mich nicht nur eine ortskundige Ansprechpartnerin, ich würde mittlerweile sagen, dass wir über die Monate auch Freundinnen geworden sind.

Von Katrin erfuhr ich erst einmal die wesentlichen und wirklich wichtigen Dinge für das Leben in der Hauptstadt. Zum Beispiel wo es einen guten Kinderarzt gibt, wo ein vernünftiges Lebensmittelgeschäft ist, ein guter Bäcker, eine Reinigung, ein Schuster. Eben die ganz alltäglichen Anlaufstellen. Denn es ist ja schon ein Stück weit paradox: Als Frau des Bundespräsidenten wurde für mich allerhand organisiert, sozusagen auch, wann es mal fünf Minuten während eines Termins gibt, in denen ich kurz auf Toilette verschwinden kann. Aber wie ich die darüber hinaus tatsächlich elementaren Bedürfnisse im Leben in Berlin gewuppt bekam, das interessierte irgendwie keinen.

Gut erinnere ich mich auch noch an ein Frühstück, zu dem Katrin ein paar andere Frauen und mich einlud. Sie wollte, dass ich Kontakte knüpfen kann. Doch schnell war auch bei diesem Zusammensein die Rollenaufteilung klar. Ich merkte, dass die meisten der anderen Frauen nur sehen und hören wollten, wie ich denn so bin, und deutlich wurde mir dies, als eine dann auch sagte: »Normalerweise ist es ja ziemlich schwierig, hier einen Kita-Platz zu bekommen. Aber derartige Probleme hatten Sie wohl nicht, oder?« Ziemlich nüchtern, weil auch genervt von den Vorurteilen und Unterstellungen, erzählte ich dann, dass wir uns selbstverständlich haben auf eine Warteliste setzen lassen. So wie es andere Eltern auch tun. Aber ich hatte den Eindruck dass nur die Hälfte der anwesenden Frauen bei diesem Frühstück, dies mir tatsächlich glaubte. Eher dachten wohl die meisten von ihnen: »Na, beim Bundespräsidenten machen die Kindergärten sicher eine Ausnahme. Die müssen bestimmt nicht auf die Warteliste.« Tatsächlich vorwerfen kann ich es ihnen nicht einmal. Ich denke, es war schwierig für Menschen, die mich noch nicht kannten, mich einfach als »Bettina« oder eben schlicht »Frau Wulff« zu sehen. Irgendwo schob sich da bestimmt das Wissen dazwischen: »Ach ja, nicht vergessen: Die Frau ist ja die Frau des Bundespräsidenten.«

Ich vermisste somit die Nähe, die Natürlichkeit und Unbefangenheit der Menschen mir gegenüber und ich hatte Angst, dass ich all das auch selbst im Auftreten verliere. Zwar hatte ich mir geschworen, meine natürlichen Reaktionen und Gefühle auch trotz des Amtes beizubehalten, zu lachen, wenn mir danach war, auf Menschen zuzugehen, die mir sympathisch erschienen, auch meine Meinung zu sagen, doch ich merkte, dass ich zunehmend an Grenzen stieß. Ich machte gute Miene zum teilweise anstrengenden Spiel, lächelte und antwortete auf die Frage »Wie gefällt Ihnen denn Berlin?« stets höflich: »Großartig. Die Stadt ist so vielfältig, so grün, hat so tolle Seen, ist kulturell so abwechslungsreich«, doch war dies nur die halbe Wahrheit. Ob nun am Schlachtensee, im Grunewald oder im Tiergarten, ich schaffte es nirgendwo, einmal komplett abzuschalten. Überall war man von vielen Menschen umgeben und mir kam es so vor, als ob sie einen alle erkennen und taxieren.

Umso mehr sehnte ich mich nach meiner Familie, aber vor allem auch nach meinen Freunden, für die ich eben nicht die Frau des Bundespräsidenten bin, sondern ganz einfach eine Freundin …

6 Die Freunde

Klingt es zu vermessen und zu eingebildet, von sich selbst zu behaupten, eine gute Freundin zu sein? Vielleicht erscheint es dem einen oder anderen so, doch ebenso denke ich, dass ich genau dies von mir sagen würde: Ich bin eine gute Freundin, denn auf mich kann man immer bauen. Meine Freunde, von denen es in der Tat nur die besagte »Handvoll« gibt, und meine Familie können sich immer auf mich verlassen. Ich bin eine zuverlässige Freundin und definitiv auch ein sehr anhänglicher Mensch. Habe ich einmal jemanden in mein Leben gelassen, Vertrauen und Nähe aufgebaut, fällt es mir schwer, ihn womöglich wieder ziehen lassen zu müssen. Das gilt für Männer, mit denen ich eine Partnerschaft geführt habe, aber auch für Frauen als Freundinnen. Enge Bindung und zudem ein grenzenloses Vertrauen sind für mich die wichtigsten Werte in Freundschaften. Auch das mag sich etwas aufgesetzt anhören, zu dick aufgetragen und artig auswendig gelernt. Aber wenn ich überlege, was die Basis der Beziehungen zu meinen Freunden und Freundinnen ist und worauf ich als Freundin den größten Wert lege, sind es ebendiese zwei Punkte. Sie machen auch die langjährigen Freundschaften zu Josefine und Stephanie aus. Beide waren für mich, neben meiner Familie, gerade während der Zeit in Berlin wichtige Vertraute und wertvolle Stützen.

Josefine kenne ich seit der fünften Klasse. Sie wohnte damals in unserem Nachbardorf Wettmar und kam wie ich auf die Realschule in Burgwedel. Schon am ersten Tag, als ich in der Klasse stand und mir die neuen Mitschüler anschaute, fiel sie mir auf. Während viele der anderen Mädchen und Jungen laut herumtobten und auch ich ziemlich aufgeregt war, saß Josefine eigenwillig und etwas verschlossen wirkend auf ihrem Platz. Zudem hatte sie diese mächtige dunkle, stark gekräuselte Lockenmähne und wenn ich rückblickend überlege, was meine Freundinnen ausmachte, kann ich sicher sagen, dass sie immer anders waren als ich, sowohl optisch als auch vom Wesen her. Vielleicht spielte da unbewusst das Wissen mit, dass man sich nicht in die Quere kommt, dass man nur schwer verglichen werden kann, weil man viel zu unterschiedlich ist. Aber vor allem faszinierte mich dieses Andere und Neue.

Josefine lebte mit ihren Eltern auf einem alten Resthof. Sie hatte ein cooles Zimmer unter dem Dach, wo wir oft saßen und Musik von unseren Lieblingsbands »The Cure« oder »Depeche Mode« hörten. Manchmal gingen wir auch einfach in die Küche, schauten in den Kühlschrank und kochten uns ganz spontan irgendetwas oder backten Waffeln. Josefines Eltern waren da sehr unkompliziert und sehr offen.

Bereits früher war meine Freundin eine absolute Pferdenärrin und natürlich versuchte sie mich davon zu überzeugen, dass es das »Tollste auf der ganzen Welt ist«, auf diesen riesigen Vierbeinern zu sitzen. Ihr zuliebe und auch, um endlich zu wissen, warum nicht nur sie, sondern mehr als die Hälfte aller Mädchen um mich herum sich ständig in enge Reitstiefel zwängten,

stinkende Pferdeställe ausmisteten und dabei noch so glücklich
strahlten, als hätten sie gerade den Weihnachtsmann getroffen,
habe ich es dann mit zwölf Jahren einmal ausprobiert. Ich weiß
noch gut, wie mir Josefine ihre zwei Pferde vorstellte und ver-
sicherte, dass die Stute Nadja schon ziemlich alt und träge sei.
Da könne nicht viel passieren. Leider aber machte sie die Rech-
nung ohne das gute Tier. Denn kaum saß ich oben, hatte Nadja
nichts Besseres zu tun, als vom Hof ganz schnell den Weg direkt
zur Wiese, auf der sie den Sommer verbrachte, einzuschlagen –
in einem ambitionierten Trab. So plumpste ich sofort wieder
herunter, landete unsanft auf dem Rücken. Dieses Erlebnis hat
meine Angst nur noch mehr geschürt. »Das Glück dieser Erde,
auf dem Rücken der Pferde?« Da bin ich anderer Meinung. Ich
halte seitdem einen gehörigen Sicherheitsabstand zu diesen Tie-
ren und Josefine respektierte das fortan. Ihr Herz schlug halt
für Pferde, meines mehr für Basketball. Warum auch nicht? Wir
waren eben verschieden. Während ich zugegebenermaßen bereits mit 13 Jahren jeden Morgen vor dem Spiegel stand und
mich schminkte, war und ist das für Josefine eher unwichtig. Sie
ist der gemütliche natürliche Typ, liebt einen legeren Kleidungsstil und benutzt höchstens mal etwas Wimperntusche. Schon zu
Schulzeiten wunderte sich Josefine daher, wenn ich in der großen Pause mal kurz auf der Mädchentoilette verschwand, um
etwas Lippenstift aufzutragen. Mit einem Kopfschütteln sagte
sie: »Mein Gott, nicht schon wieder.«

Nach der Realschule trennten sich unsere Wege. Josefine ging
auf eine Gesamtschule in Langenhagen, während ich auf das
Gymnasium, die Leibnizschule in Hannover, wechselte. Später

studierte Josefine in Hannover Sozialpädagogik. Wir haben uns in all den Jahren natürlich regelmäßig gesehen und unser Ritual, das wir seit Teenagertagen haben, fortgesetzt: Wir schreiben uns Briefe, ganz klassisch noch mit Stift und auf Papier und schicken sie dann per Post los. Das ist bis heute so. Josefine lebt jetzt in Storkow, einem kleinen Nest mit knapp 8000 bis 9000 Einwohnern, rund 60 Kilometer von Berlin entfernt. Sie hat dort mit ihrem Mann einen alten Hof, natürlich besitzt sie auch ein Pferd, Pippilotta, und arbeitet in einer Einrichtung, wo geistig behinderte Eltern gemeinsam mit ihren Kindern leben können.

Josefine ist ein sehr geerdeter Mensch, eine gute Zuhörerin, eine reflektierte Lebensexpertin. Sie ist sehr klar in ihren Gedanken und während meiner Zeit in Berlin war ich froh, dass Storkow so nah ist. Fast einmal im Monat packte ich Leander und Linus ins Auto und bin manchmal auch nur für ein paar Stunden zu meiner Freundin gefahren. In Berlin habe ich nie diese Orte gefunden, wo ich einmal wirklich durchatmen und abschalten konnte, nur ich war, wo ich mich nicht beobachtet fühlte, kontrolliert und mit dem Auftrag zu funktionieren, aber in Storkow stellte sich genau diese innere Gelassenheit und Ruhe ein. Bei Josefine war ich nicht die Gattin des Bundespräsidenten, sondern einfach wieder das Mädchen mit der Angst vor Pferden, mit der Vorliebe für »Depeche Mode«, die Freundin Bettina. Josefine war es ziemlich egal, dass ich noch einige Tage zuvor in Brasilien oder Abu Dhabi irgendwelchen Staatsoberhäuptern die Hand geschüttelt hatte. Bei ihr durfte ich mich auch mal schwach zeigen, und das kam oft genug vor. Wenn wir auf den Rädern saßen und durch die Wälder fuhren, kamen mir häufig ganz spontan die Tränen. Ich konnte gar nichts dagegen machen. Es tat einfach so gut, jemanden an der Seite zu haben, der einen kennt und bei dem man keinen Zwängen unterliegt. Trotzdem waren genau sie es, diese Zwänge, die mich auch zum Heulen brachten. Denn gerne wäre ich den einen oder anderen Tag länger bei Josefine geblieben, aber zumeist musste ich abends wieder in Berlin sein, weil es irgendeinen vermeintlich wichtigen Termin gab.

Was ich an Josefine schätzte: Sie hat in solchen Moment nicht versucht, mich mit schwachsinnigen Ratschlägen und Kommentaren von der Sorte »Ach, das wird doch sicher toll« oder »Das hat doch alles auch ganz schöne Seiten« oder »Denk nur daran, was du alles erlebst« aufzumuntern. Das hat sie sich gespart. Denn natürlich redete ich mir dies selbst oft genug ein und natürlich stimmte dies auch in großen Teilen, doch manchmal reicht das einfach nicht aus, um Dinge zu akzeptieren. Selbstverständlich gab es viele wunderbare Erlebnisse als Gattin des Bundespräsidenten, aber dieses fremdbestimmte und zweigeteilte Leben, wo man eben nicht spontan einmal sagen kann: »Hey Josefine, hol den Grill raus, ich bleibe mit den beiden Jungs heute bei dir in Storkow und wir verbringen noch einen schönen Abend miteinander«, ging auch an meine Substanz. Umso wohltuender war es deshalb auch, wenn Josefine über ihre Arbeit erzählte. Über für sie so ganz alltägliche Begegnungen und Erlebnisse, wenn sie den geistig behinderten Eltern zum Beispiel erklärte, wie sie ihr Baby baden und wickeln oder ihm ein Fläschchen zubereiten. Immer wenn ich wieder mit Leander und Linus ins Auto stieg und mich auf den Rückweg nach Berlin machte, hatte ich mir ein Stück Normalität und den Blick fürs Wesentliche zurückgeholt. Die Besuche bei Josefine bedeuteten für mich ein Kraft-Tanken für die nächste Berliner Runde.

Meine andere sehr gute Freundin Stephanie lernte ich im Gymnasium kennen, in der elften Klasse. Wir saßen in Deutsch, Philosophie und Englisch nebeneinander. Stephanie hatte einige Monate zuvor in einem relativ kurzen Zeitabstand erst ihren Vater und dann ihre Mutter verloren, daher ein Schuljahr ausgesetzt, war somit ein Jahr älter als ich und hatte schon den Führerschein. Jeden Morgen kam sie mit ihrem Motorrad zur Schule, standesgemäß in schwarzer Lederkluft. Auch sie war einfach anders. Anders als ich und auch anders als die anderen Mädchen in der Stufe. Stephanie war einfach cool und an ihrer Seite kam ich mir in meinem Jeans-Sweatshirt-Look wie die angepasste, langweilige Vorstadtschnecke vor. Sie schien mir schon so erwachsen, so souverän, so viel weiter als ich. Ihr ganzes Auftreten hat mich beeindruckt. Natürlich spielte da vor allem der Tod ihrer Eltern eine Rolle, dass sie von heute auf morgen ganz auf sich alleine gestellt war. Stephanie hatte das Haus ihrer verstorbenen Eltern verkauft und war in eine WG in Hannover gezogen. Mit den meisten Mitschülern redete sie nur das Nötigste. Der ganze Schulalltag war für sie mehr eine Last, die man halt ertragen musste. Sie wollte nur schnell das Abitur in der Tasche haben, um dann frei zu sein, zu studieren, vielleicht in eine andere Stadt zu gehen. Manchmal fragte ich mich, warum dieses in meinen Augen bereits so autarke Mädchen überhaupt mit mir befreundet war. Aber ich glaube, auch für sie war es die

Gegensätzlichkeit, die sie anzog. Ich war fröhlich, lachte viel, war gut in die Stufe integriert und kam aus einem behüteten Elternhaus. Ich schaffte es, sie mit meiner Art abzulenken und abzuhalten, traurigen Gedanken nachzuhängen.

Nach dem Abitur studierte Stephanie in Hannover Medizin und zog später nach Herford. Dort lebt sie heute auf dem Land und arbeitet als Ärztin. Sie ist die starke, unabhängige und eigenwillige Powerfrau, die Karriere und fünf Kinder, fünf Mädchen, auf echt beeindruckende Weise vereinbart. Sie ist eine totale Kämpferin für das, was ihr wichtig im Leben ist: eben ihre Kinder, ihr Job, aber auch die Zeit für sich, um sich weiterzuentwickeln. Ich kenne keinen Menschen, der so intensiv an sich arbeitet, wie sie es tut. Es mag sich vielleicht seltsam anhören, aber ich bin stolz, eine derart tolle Frau wie sie zu kennen und zur Freundin zu haben.

Es gibt da so eine Art blindes Verständnis zwischen uns. Ich weiß, dass sowohl Josefine wie auch Stephanie ehrlich mir gegenüber sind, dass sie ein Auge auf mich haben, dass sie mich kennen. Ein gutes Beispiel in diesem Zusammenhang ist ihre Reaktion, als ich ihnen Christian als den neuen Mann an meiner Seite vorstellte. Ich hatte dabei schon ein gehöriges Muffensausen. Dabei muss ich auch sagen: Es war meine Freundin Stephanie, die mich überhaupt erst darauf hingewiesen hatte, dass Christian wohl mehr als nur ein berufliches Interesse an mir habe. »Der will doch was von dir«, meinte sie, als ich ihr erzählte, dass er und ich zum Essen verabredet seien. Wirklich gut fand sie es nicht. Auch Josefine war wenig begeistert. Mit einem Politiker zusammen zu sein war und ist für viele ja schon ein Reizthema. Sich dann aber auch noch in einen konservativen Politiker zu verlieben, ging eigentlich gar nicht. Schließlich waren meine Freundinnen und ich doch zu Zeiten von Ernst Albrecht, ebenfalls von der CDU und von 1976 bis 1990 Ministerpräsident von Niedersachsen, groß geworden und pflegten zu Jugendzeiten eine fast natürliche Rebellion gegen alles Konservative. Ich meinte in Josefines und Stephanies Blicken damals, als sie Christian dann kennenlernten, die Skepsis zu sehen. Dazu kamen die Fragen: »Wie kannst du dich in so einen Mann verlieben? Der passt doch nicht zu dir. Der ist doch völlig anders. Wenn schon ein Politiker, warum dann nicht einer von den Grünen oder der SPD? Aber der, der passt doch gar nicht in dein Leben, nicht zu unserem Leben.«

So hatte ich am Anfang der Beziehung zu Christian durchaus das Gefühl, mich gegenüber meinen Freundinnen rechtfertigen zu müssen, warum es ausgerechnet er und kein anderer ist. Und das Fatale daran: Man kann es ja gar nicht erklären. Es sind da diese unglaublich starken Gefühle, für die man keine Worte findet, und daher sagte ich zu Josefine und Stephanie, dass ich mich einfach nur total verliebt hätte. Und dass ich mir über die Probleme, dass Christian zum Beispiel noch verheiratet sei, zwar im Klaren wäre, es jedoch trotzdem gerne mit ihm probieren würde. Ich weiß, dass gerade Josefine noch länger mit der Skepsis kämpfte, doch ich bin froh, dass weder sie noch Stephanie eine Schublade öffneten und Christian da als »konservativen Spießer« verstauten. Beide nahmen die Situation an und respektierten meine Entscheidung.

Und auch Andreas tat dies. Er und ich sind ein Beispiel dafür, dass Männer und Frauen tatsächlich Freunde sein können.

Andreas ist Anwalt, jetzt 48, lebt in Hannover und ich kenne ihn mittlerweile seit 15 Jahren. Wir hatten dieselben Lieblings-cafés, dieselben Lieblingsbars und sind uns so immer wieder über den Weg gelaufen. Anfangs fand ich ihn unsympathisch – zu glatt, zu aufgesetzt, zu oberflächlich und scheinbar viel zu sehr von sich eingenommen. Doch irgendwann vor sieben Jahren standen wir zufälligerweise bei einem Spiel von Hannover 96 nebeneinander auf der Zuschauertribüne und stellten fest, dass wir beide große Fans dieses Fußballvereins sind. Daraus entwickelte sich dann eine ganz unkomplizierte Freundschaft. Inzwischen treffen wir uns etwa einmal im Monat zum Lunch bei unserem Stammitaliener, reden über den Job, über Fußball, über Politik und auch über Beziehungen. Andreas ist da recht pragmatisch und ich finde es immer wieder amüsant und durch-aus bereichernd, seine Meinung über Frauen zu hören. Dass es halt eben doch viel um Status und Äußerlichkeiten geht, dass es in einer Partnerschaft bloß nicht zu anstrengend werden darf, man(n) sonst lieber die Segel streicht. Zugegeben: Manchmal erschreckt es mich, wie rational Männer teilweise ticken. Aber das ist eine andere Geschichte …

Andreas ist übrigens auch unser Trauzeuge. Als Christian und ich im Sommer 2006 auf Mallorca Urlaub machten, waren er und seine Freundin auch dort. Wir verbrachten zu viert einen fantastischen Tag und als wir in einem ruhigen Moment dann abends in einem Beachclub saßen, mit grandiosem Blick über das Meer, sagte Christian plötzlich einfach zu mir: »Dich möch-te ich heiraten!« Ich war total gerührt und natürlich habe ich »Ja« gesagt. Als Andreas dann später dazukam, fragte ich ihn spontan, ob er nicht unser Trauzeuge sein möchte. Natürlich habe ich auch an Josefine oder Stephanie gedacht. Doch eine von ihnen als meine Trauzeugin auszusuchen, wäre mir unheimlich schwergefallen. In dem Moment, in dem ich mich für eine von den beiden entschieden hätte, hätte ich die andere vor den Kopf gestoßen. Andreas aber lief quasi außer Konkurrenz und war eben auch noch zur richtigen Zeit am richtigen Ort. Weder Josefine noch Stephanie haben mir diese Entscheidung übel genommen.

Aber wie ist das, wenn aus der Freundin plötzlich eine Frau des öffentlichen Lebens wird? Wenn die Freundin auf einmal in der Presse steht und man in den Nachrichten über sie hört? Als Christian zum Bundespräsidenten gewählt wurde, freuten sich Josefine und Stephanie, doch hatten sie auch große Bedenken, dass ich als Freundin aus ihrem Leben verschwinden würde. Selbstverständlich beteuerte ich, dass dies nicht geschehen würde, doch merkte ich ja schnell, wie wenig Zeit mir tatsächlich für Privatleben blieb. Umso erleichterter und glücklicher war ich, dass meine Freundinnen und Freunde mich häufig in Berlin besuchten, und ich war immer sehr froh, wie selbstverständlich und offen sie die ganze Situation annahmen. Die Präsenz der Polizei vor unserem Haus, die schwarzen Limousinen, die vorfuhren, um uns für einen Termin abzuholen, diese Herrschaftlichkeit, die die Villa in der Pücklerstraße ausstrahlt – statt staunend mit offenem Mund dazustehen, kam von denen eher ein belustigter Spruch über die Sicherheitsbeamten, die sie scherzhaft unsere »Men in Black« nannten. Diese Lockerheit war für mich eine Wohltat. Denn ich merkte es ja bei mir selbst: Ein

Teil von mir gewöhnte sich an diesen Anblick und das ganze Geschehen drum herum, aber einem anderen Teil von mir blieb es die gesamte Zeit über fremd und irreal.

Auch war es immer wieder erfrischend, mit meinen Freundinnen nach einer Auslandsreise oder einem Staatsbesuch zu telefonieren. Stephanie etwa fragte mich nie nach den ganzen offiziellen Terminen, nach den Begegnungen mit mehr oder weniger prominenten Leuten, sondern sie wollte einfach wissen, wie es mir geht, und dann keine Floskeln hören. Es gab mir eine gewisse Bodenhaftung und das beruhigende Gefühl, dass das Leben fernab meines Lebens ganz normal weitergeht und ich auch weiter daran teilnehme.

Meine Freunde sagen mir auch unangenehme Dinge ins Gesicht. Als ich noch die Frau des Bundespräsidenten war zum Beispiel, wenn ich in einer Klamotte »echt gruselig« und 20 Jahre älter aussah. Dies war der Fall im Mai 2011 bei der Südamerika-Reise. Das bunt geblümte Kleid, das ich beim Besuch einer deutschen Schule in Costa Rica trug, fanden sie viel zu »omamäßig«. Auch das beigefarbene Mantelkleid, das ich tagsüber bei der Hochzeit von Prinz Albert und Charlene in Monaco anhatte, war ihnen zu bieder. Aber vor allem sagten sie mir, wenn die Gefahr drohte, dass ich mich vom Wesen her veränderte. Wenn ich mit ihnen, meinen Freundinnen, beispielsweise in einem genauso sachlichen Ton gesprochen habe wie mit meiner Referentin.

Wir sind bedingungslos füreinander da – eigentlich. Denn zu der Zeit in Berlin kam ich als Freundin deutlich an meine Grenzen. Stephanie erlebte während der letzten Jahre in ihrer Ehe

einige schwierige Auseinandersetzungen und immer wenn wir
es mal geschafft hatten, doch abends kurz zu telefonieren, und
sie mir wieder erzählte, was für Streitereien sie mit ihrem mittlerweile Exmann hatte, teilweise dabei weinte, fühlte ich mich
hilflos. Unter anderen Umständen hätte ich mich sofort in den
Zug gesetzt und wäre für ein paar Tage zu ihr nach Herford
gefahren. Um sie in die Arme zu nehmen, um mit ihr abends
in Ruhe ein Glas Wein zu trinken und um einfach auch nur
für ihre fünf Mädchen da zu sein, damit Stephanie einmal Zeit
für sich hat. Meine Freundin brauchte mich und ich hatte ein
schlechtes Gewissen, weil ich nicht bei ihr sein konnte. Denn
mit einem Blick in meinen Kalender wusste ich, dass ein Besuch
in Herford unmöglich ist. Ein Termin stand da neben dem anderen, ein Auslandsbesuch folgte dem nächsten Staatsbankett …

7 Die Promis

Standen früher in meinem Kalender Termine wie »15.30 Uhr, Treffen mit Freundin Silke auf dem Spielplatz«, waren es als Frau des Bundespräsidenten Eintragungen wie »12 Uhr, Treffen mit Michelle Obama auf der Ramstein Air Base«. Es erschien mir völlig irreal. Von heute auf morgen befand ich mich plötzlich mitten in der Welt der Politiker und Prominenten. Personen, die ich bis dahin nur aus dem Fernsehen kannte oder mir beim Blättern in irgendwelchen Zeitschriften begegnet waren, die ein völlig anderes Leben zu führen schienen und bei denen ich mich mitunter fragte: »Na, sind die nun tatsächlich so oder ist das nur Show?«, lernte ich nun auf einmal persönlich kennen. Ich war auf dem Staatsbankett des Emir von Katar, tanzte auf der Hochzeit von Monacos Fürst Albert und seiner Charlene und saß zum Abendbrot bei Käse und Rotwein mit Bundeskanzlerin Angela Merkel zusammen.

Es war spannend, aufregend und interessant und ich bin sehr dankbar, dies alles erlebt haben zu dürfen. Trotzdem sage ich: Dieses Leben war so anders im Vergleich zu meinem vorherigen, dass ich mich erst einmal darin zurechtfinden musste. Ich war als Frau des Bundespräsidenten nicht nur von einem auf den anderen Tag in dieser Welt der Politiker und Prominenten gelandet, ich musste dort auch dementsprechend agieren – ebenfalls von heute auf morgen und darauf bereitet einen keiner vor.

Obgleich mein Englisch sicher gut ist, hätte ich zum Beispiel einfach gerne vorher noch einen Kurs »Business-Englisch« belegt. Vielleicht auch einen Kurs in Richtung »Andere Länder, andere Sitten«, um über die Rituale und die Dos and Don'ts in den verschiedenen Ländern besser informiert zu sein. Generell Bescheid zu wissen über manche Tugenden. So weiß ich noch, wie ich anfangs erschrocken zusammenzuckte und es mir nahezu peinlich war, wenn ich von manch wohlerzogenem Herrn zur Begrüßung einen angedeuteten Handkuss bekam. Aber nicht nur, dass mir derartige Kurse nicht angeboten wurden – es fehlte auch die Zeit dafür. Ich konnte das Bundespräsidialamt nicht vertrösten von wegen »Gebt mir mal zwei Monate Zeit, dann bin ich für den Job der Bundespräsidentengattin richtig fit«. Nein, es ging tatsächlich sofort los, von einem auf den anderen Tag. Das war nicht leicht. Eine Michelle Obama ist nicht meine Freundin Silke, mit der ich ganz ungezwungen und ohne nachdenken zu müssen über Jobstress, Klamotten, Nachbarn, gemeinsame Freunde oder lediglich nur das Wetter oder das Fernsehprogramm plaudern kann. Worüber redet man mit der Frau eines US-Präsidenten? Gibt es Themen, die man auf keinen Fall ansprechen darf? Und wie schafft man es bei so einer Unterhaltung, möglichst locker zu erscheinen und so zu tun, als sei man völlig entspannt?

Als ich am 11. November 2010, dem Tag, an dem Michelle Obama als Termin in meinem Kalender stand, morgens gegen 4 Uhr in der Früh aufwachte, war mir schon übel, speiübel. Es ist leider eine blöde Angewohnheit von mir, die ich nicht in den Griff bekomme: Bin ich zu aufgeregt, wird mir schlecht. Und an diesem Tag war ich aufgeregt. Erstens, weil es einer meiner ersten offiziellen Termine ohne Christian war. Zweitens, weil ich Michelle Obama eine großartige Frau finde. Sie ist intelligent, souverän, macht einen absolut selbstbestimmten Eindruck. Sie zu treffen, empfand ich als eine Ehre. So kämpfte ich auf dem Weg zum US-amerikanischen Luftwaffenstützpunkt in Rheinland-Pfalz die ganze Zeit mit meiner starken Übelkeit und betete inständig: Lieber Gott, lass mich nicht vor dieser Frau bewusstlos werden.

Anlass des Besuchs von Michelle Obama war der *Veterans Day*, ein amerikanischer Gedenktag zu Ehren der Kriegsveteranen. Von den Mitarbeitern des Bundespräsidialamtes hatte ich einen Gesprächsleitfaden bekommen. Tatsächlich besprechen sich vor so einem Treffen die jeweilig zuständigen Mitarbeiter der Person, die persönlichen Assistenten beziehungsweise Assistentinnen, und haken ab, wer sich für was interessiert und engagiert und stellen daraufhin eine Informationsmappe zusammen, sogar mit kleinen Sprechzetteln, kleinen Spickzetteln, auf denen die Fragen notiert sind, die man seinem Gegenüber stellen kann.

Ich empfand es als eine skurrile Situation: Da war eine Frau, die ich so häufig im Fernsehen oder in den Zeitungen gesehen hatte, und auf einmal saß ich ihr in einem Sessel gegenüber, zwischen uns nur wenige Zentimeter Abstand, und quasi auf Knopfdruck musste der Small Talk gelingen. Ich war nervös, hatte Angst, die Fragen zu vergessen, und zudem noch dieses flaue Gefühl im Magen – es war ein Glück, mit Michelle Obama eine routinierte Präsidentengattin an der Seite zu haben. Sie erzählte von ihrer Kampagne »Let's Move«, mit der sie in den USA gegen die verbreitete

Fettleibigkeit in der Bevölkerung angeht, wir sprachen über Bildungschancen für Kinder in unserem jeweiligen Land. Leider waren für das Gespräch nur 30 Minuten angesetzt. Und leider gab es diese Vorgaben zu den Themen. Gerne hätte ich Michelle Obama beispielsweise auch gefragt, wie viel Einfluss sie auf die Regierungsarbeit ihres Mannes hat und wie sie die starke Beobachtung empfindet, diesen Verzicht auf ein Privatleben. Trotzdem war ich auch so am Ende dieser knappen halben Stunde noch mehr von ihr beeindruckt als bereits zuvor: Michelle Obama ist eine sehr selbstbewusste Frau, die entgegen der ganzen Zwänge des Protokolls viel von ihrer Natürlichkeit bewahrt hat. Sie war locker und entspannt. In keiner Weise hatte ich das Gefühl, dass es für sie nur der x-te Termin ist, den sie absolvieren muss.

Aber trotz dieser Sympathie, die ich auf ihrer Seite auch mir gegenüber spürte, ist es utopisch zu meinen, so eine Frau könnte eine Freundin werden für mich. Generell ist das, glaube ich, schwierig. Zu stark engen Vorschriften ein und zu sehr ist man in diesen Momenten eben nicht »Bettina Wulff«, sondern die Frau des Bundespräsidenten. Da geht es wirklich darum, dass die Fassade stimmt und man die Spielregeln dieses Business beherrscht. Umso mehr habe ich mich gefreut, dass Michelle Obama mir nach unserem Treffen noch einen Brief geschrieben hat. Tatsächlich läuft so etwas alles ganz klassisch über die Post – von Botschaft zu Botschaft. Michelle Obama bedankte sich für das Treffen und meinte, sie freue sich auf ein nächstes Mal. Paradox: Da so ein Schreiben nicht als private Korrespondenz gesehen wird, liegt dieser Brief jetzt ordentlich abgeheftet bei den Akten im Bundespräsidialamt.

Jene mit Michelle Obama war sicher eine der Begegnungen, die mich am nachhaltigsten beeindruckt haben. Aber auch Scheicha Musa, verheiratet mit dem Scheich Hamad, Emir von Katar, wird mir immer vor Augen bleiben. Nie zuvor habe ich eine derart charismatische Frau getroffen. Wenn sie den Raum betritt, kann man gar nicht anders: Man starrt sie einfach an. Mir zumindest erging es so. Sie sieht umwerfend gut aus, ist Mutter von sieben Kindern und strahlt eine Präsenz aus, daneben fühlt man sich selbst wie das Aschenputtel. Und ich könnte noch andere Personen aufzählen, die mir imponierten oder wo das Aufeinandertreffen so besonders war, weil ich weiß, dass ich es unter normalen Umständen nie erlebt hätte. Natürlich gehört dazu der Besuch des Papstes in Berlin, am 22. September 2011. Für Christian als gläubigen Katholiken ein noch größerer Moment, als für mich. Ich bin gläubige Protestantin, Leander und Linus sind ebenfalls evangelisch getauft. Die Begegnung mit Papst Benedikt XVI. aber werde ich als positiv in Erinnerung behalten. Der Papst ist viel menschlicher, als ich es mir vorgestellt hatte. Zu einem Übermenschen machen ihn manch andere. Er aber, so habe ich es erlebt, ist ein fast ganz normaler Mann, dem das Alter selbstverständlich langsam zu schaffen macht, und er sich so nach dem offiziellen Programm erst einmal bei uns im Schloss Bellevue auf einen Stuhl setzte, die Augen schloss und sich kurz ausruhte. Er erschien mir in diesem Moment sehr entspannt. Sein ganzes Verhalten gab ihm die Menschlichkeit, die ich an einem Oberhaupt der Kirche sehen möchte.

Auch wird der Besuch im Kreml, im Oktober 2010, für mich unvergesslich bleiben, dies aus ganz verschiedenen Gründen.

Zum einen war es eine meiner ersten Auslandsreisen mit Christian. Zum anderen waren da diese Soldaten, die im Stechschritt an mir und meinem Mann vorbeimarschierten, dazu eine derart laute Marschmusik, dass ich glaubte, danach gewiss tagelang unter einem Tinnitus zu leiden. Das Prozedere, dieser ganze Drill, war mir unangenehm. Ich dachte nur: »Die Armen!« Es fiel mir schwer, meine eigene Meinung hintenanzustellen und zu akzeptieren, dass dies zum Protokoll des Landes eben dazugehört. Übrigens: Von dem Auftritt des kleinen Regenwurms, der wohl hartnäckig den Säuberungsaktionen des Küchenpersonals getrotzt hatte und so einem Gouverneur beim Bankett zu Ehren unseres Besuches mit dem Salat serviert wurde, bekamen mein Mann und ich in dem Moment gar nichts mit. Darüber lasen wir erst später seitenweise in den Medien. Schon verrückt, was dieser winzige Wurm für Schlagzeilen machte.

Gerne erinnere ich mich auch an Roger Moore, ein toller Mann. Der Schauspieler ist Ehrenbotschafter von UNICEF und da ich als Frau des Bundespräsidenten Schirmherrin von UNICEF war, hatten wir, wenn wir uns trafen, etwa auf der Hochzeit von Prinz Albert von Monaco, ein gemeinsames Gesprächsthema. Auf der einen Seite ist Roger Moore trotz seiner mittlerweile über 80 Jahre auch in Wirklichkeit noch immer ein so cooler Typ, wie er es in den James-Bond-Filmen war, aber er ist auch ungemein lustig und kann über sich selbst lachen.

Aber was ich bereits im Fall von Michelle Obama sagte: Tiefe Freundschaften entwickeln sich aus diesen Begegnungen selten. Bestimmt hatten Christian und ich in Berlin ein gutes Verhältnis zu beispielsweise dem kroatischen Botschafter Dr. Miro Kovač und seiner Frau Monika, ebenso zum italienischen Botschafter Michele Valensise und dessen Frau Elena. Beide Paare waren zum Abendessen bei uns in der Pücklerstraße. Jedoch blieb es auf einer oberflächlichen Ebene. Keiner kann oder kommt da aus seiner Haut, und da schließe ich mich selbst ein. Wenn es Christian und mir tatsächlich gelungen ist, zu einem anderen Politiker und dessen Frau eine intensivere Beziehung aufzubauen, bei der man von Freundschaft sprechen kann, dann ist dies sicher der türkische Präsident Abdullah Gül und seine Frau Hayrünnisa. Im September 2010, also nur wenige Wochen nach Christians Wahl zum Bundespräsidenten, waren die Güls bereits zu Gast bei uns in Berlin. Nur ein paar Wochen später, im Oktober 2010, waren wir dann zum Gegenbesuch bei ihnen in der Türkei und so regelmäßig wurde der Kontakt auch fortgesetzt. Ganz unabhängig von unseren Männern haben Hayrünnisa Gül und ich uns angefreundet. Wir duzen uns, haben uns ein paarmal geschrieben und auch nach Christians Rücktritt ist der Kontakt nicht abgebrochen. Deswegen verärgerte es mich auch, in Zeitungen bezüglich Hayrünnisa Gül und mir Sätze zu lesen wie »Zwei Frauen, wie sie unterschiedlicher nicht sein könnten«. Warum? Weil die eine ein Kopftuch trägt und die andere nicht? Das ist eine sehr oberflächliche Sichtweise. Hayrünnisa Gül und ich verstehen uns gut, trotz eines verschiedenen Glaubens.

Generell erstaunte mich aber, welche enorme Aufmerksamkeit auch so manch einer Frau an der Seite eines vermeintlich berühmten Mannes zugeschrieben wurde, gerade seitens der Presse. Sei es einer Michelle Obama, einer Carla Bruni als Ehefrau von Nicolas Sarkozy oder aber die zahllosen Prinzessinnen, wie die niederländische Prinzessin Máxima. Zwei Tage war sie im April 2011 gemeinsam mit ihrem Mann, Kronprinz Willem-Alexander und dessen Mutter, Königin Beatrix, bei uns zu Gast in Berlin. Jeden Tag, zu jedem Anlass eine neue Frisur, ein neues Designerkleid, neue Schuhe, anderer Schmuck und dazu immer dieses strahlende Lächeln. Ich weiß nicht, ob es aufgesetzt ist oder nicht. Prinzessin Máxima ist eine klasse Frau, wahnsinnig taff und sehr schlau. Sie weiß genau um ihre Wirkung und was zu einem Auftritt in der Öffentlichkeit dazugehört. Ich war beeindruckt, wie jemand dieses Spiel der Medien derart perfekt beherrscht und bedient. Hut ab oder besser gesagt: Hut auf! Denn auch was die Gute an Kopfbedeckungen aus dem Koffer zauberte, zum Beispiel diese riesigen Wagenradhüte – ich staunte nicht schlecht. Bei dem Aufwand, den Máxima wie selbstverständlich betrieb, was die Präsentation ihres Landes betrifft, wurde mir ganz schwindelig. Wenn wir gemeinsam für die Fotografen posierten, überlegte ich schon: Sitzen meine Haare auch so perfekt? Ist mein Kleid die richtige Wahl gewesen? Hätte ich nicht doch noch eine Kette tragen sollen? Denn natürlich wusste ich um die Boulevardpresse, die am nächsten Tag in Schneewittchen-Manier die Frage klären wird: »Spieglein, Spieglein an der Wand, wer ist die Schönste im Land?«

Doch bei all der Bewunderung für Máxima muss ich auch sagen: Was ist das für ein Dasein? Permanent, jeden Tag, jede Woche werden Prinzessinnen von der Öffentlichkeit und den Medien kritisch beäugt. Ist sie zu dick? Ist sie dünn? Ist sie schwanger? Ist sie angemessen gekleidet? Ist sie noch glücklich oder kriselt es in der Ehe? Das muss ein unglaublicher Druck sein, unter dem die Damen stehen. Und: Sie können nicht nach einer gewissen Zeit einfach in ein normales Leben zurückkehren. Wenn ihnen der Rummel zu viel wird, wenn sie keine Lust mehr haben – sie müssen trotzdem versuchen zu lächeln und weitermachen. Prinzessin zu sein, das ist ein ziemlich harter Job, und das auf Lebenszeit. So habe ich das wahrgenommen und dachte daher auch in dem einen oder anderen Moment, wenn ich neben einer Prinzessin wie Máxima, Spaniens Prinzessin Letizia oder der schwedischen Kronprinzessin Victoria stand: »Zum Glück bin ich nur die Frau des Bundespräsidenten. Mein Dasein in dieser Rolle, in dieser Funktion ist zeitlich begrenzt. Wenn das hier vorbei ist, dann kehre ich zurück nach Großburgwedel in ein ganz bürgerliches Leben.«

Nun, wo ich genau wieder hier in Großburgwedel bin, erscheinen mir diese Begegnungen mit den verschiedenen Politikern und mitunter Prominenten zwar nicht wie ein Traum, aber sie rücken von Tag zu Tag immer ein Stück weiter in den Hintergrund. Weil es nicht mehr wichtig ist und weil man selbst auch nicht mehr wichtig ist. Denn natürlich streichen eine Michelle Obama oder eine Prinzessin Máxima mich von ihrer Liste der vermeintlich bedeutenden Frauen. Eine andere, die nächste hat meinen Platz eingenommen. Als Frau des Bundespräsidenten bist du zu einem großen Teil austauschbar. Genauso schnell, von heute auf morgen, wie du plötzlich dazugehört hast, kannst du auch wieder draußen sein. Was nicht heißen soll, dass ich deswegen bittere Tränen weine. Es ist einfach Teil des Systems.

Manchmal ist es merkwürdig, jetzt in den Kalender zu schauen. Zahlreiche Termine waren monatelang im Voraus geplant, und so kam es in den ersten Tagen und Wochen nach Christians Rücktritt vor, dass ich dachte: »Ach, jetzt würdest du ja eigentlich den Präsidenten der Mongolei im Schloss begrüßen« oder »Nächste Woche hättest du zur Rateshow mit Kai Pflaume gemusst«. Aber ich merke, wie auch dies nach und nach verblasst. Ohne Zweifel: Sich mit einer Michelle Obama zu unterhalten, mit Prinzen und Prinzessinnen an einem Esstisch zu sitzen oder den Papst zu treffen, das werde ich nicht vergessen. Ich habe Dinge erlebt, die ich sonst sicher nie hätte erleben können. Allein schon mit der Flugbereitschaft der Bundeswehr zu fliegen, das ist etwas ganz Besonderes. Anders kann ich das nicht beschreiben. Auch wenn zumeist eine Delegation an anderen Politikern und Unternehmensvertretern dabei waren, hatten Christian und ich einen Bereich für uns. Es gab leckeres Essen, man konnte Fernsehen schauen, sogar eine Dusche gab es an Bord, um sich schnell wieder frisch zu machen, hoch über den Wolken von einem Termin zum anderen. Ich habe Länder gesehen, in die mich unter anderen Umständen nie mein Weg hingeführt hätte. Aber dies war ein Teil meines Lebens, der abgeschlossen ist.

Nun steht in meinem Kalender wieder »15.30 Uhr, Treffen mit Silke auf dem Spielplatz«. Und das ist auch gut so. Denn diese Menschen wie Silke, auch die Nachbarn in Großburgwedel, all meine Freunde sind mir geblieben, obgleich ich eben nicht mehr die Frau des Bundespräsidenten bin. So erscheint es nur dem Außenstehenden banal und unbedeutend, eine derartige Verabredung mit einer Silke, einem Andreas oder einer

Katrin. Für mich aber ist es ein schönes und wichtiges Gefühl, was ich damit verbinde. Es gibt mir Substanz und es weicht ab von dem eben erlebten Oberflächlichen. Apropos: In der Zeit in Berlin, als Frau des Bundespräsidenten, war ich doch das eine und andere Mal sehr überrascht, welche Bedeutung Banalem beigemessen wird. Dass selbst unwichtigste Dinge für Schlagzeilen in der Presse sorgen …

8 DAS TATTOO

»Attraktiv, blond, tätowiert« – die ersten drei Worte eines Artikels in der *Rheinischen Post*. »Jung, unkonventionell, tätowiert« – die ersten drei Worte eines Artikels in der *Berliner Morgenpost* und es ist schon richtig toll, auf welche Attribute ich von manch einer Zeitung reduziert wurde. Aber im Ernst: Auch das Magazin *Focus* titelte in einer Ausgabe »Mit Tattoo ins Schloss Bellevue«, die *Bunte* wählte die Überschrift »First Lady mit Tattoo« und selbst die chinesische Zeitung *Huanqiu Shibao* widmete meinem Tribal-Motiv einen Bericht inklusive Foto.

Ist es nicht absolut verrückt, welche Aufmerksamkeit dieses Tattoo an meinem Oberarm auf sich zog? Was darüber alles in den Medien geschrieben wurde, auch was für totaler Nonsens?! Ich erinnere mich noch gut an nennen wir es mal den ersten öffentlichen Auftritt meines Tattoos. Es war Ende März 2009 beim Steiger Award in Bochum. Während des ganzen Abends waren bei dieser Veranstaltung Medien erlaubt. Diese immense Präsenz einfach auszublenden, das muss man wirklich lernen. Es ist am Anfang nicht leicht, sich keinen Kopf darüber zu machen, ob man vielleicht gerade beim Essen, beim Kauen, Trinken, Runterschlucken, eher unvorteilhaft aussieht und dass die Fotografen nur auf so ein Bild warten. Beim Hantieren mit Messer und Gabel ist mir an diesem Abend dann unglücklicherweise mein Schal, den ich um die Schultern trug, heruntergerutscht. Prompt drückte ein *Bild*-Fotograf auf den Auslöser und am nächsten Morgen bekam die geneigte Leserschaft die Schlagzeile serviert: »Landesmutter mit Tattoo!« Und damit nicht genug. Einige Tage später fragte die *Bild*-Zeitung sogar ihre Leserinnen: »Haben auch Sie so ein Tattoo wie Bettina Wulff?« Und weiter hieß es in dem Aufruf: »Dann seien Sie mutig, zeigen Sie Ihre Schulter! Und posen Sie vor der Kamera wie die Präsidentengattin.« Als Belohnung winkten zwischen 50 und 500 Euro. Aber von wegen posen – klar dachte der Großteil der Journaille, ich zeige da ganz bewusst mein Tattoo. Dabei ziehe ich auf besagtem Foto den Schal nicht runter, sondern rauf.

Und dann die ganzen Diskussionen und Vermutungen, was das Tattoo denn bedeuten könnte, warum ich es mir habe stechen lassen … Laut gelacht habe ich zum Beispiel über die Zeilen in der *FAZ*. Dort wurde mit Humor gerätselt: »Was soll das sein? Ein Schlüsselloch, von Flammen umzüngelt, darunter zwei grafisch aufgelöste Zwiebeln? Oder Blütenschemazeichnungen aus dem Biologiebuch und die Umrisse westfriesischer Inseln rechts und links daneben?«

Aber die Wahrheit ist ganz einfach: Das Tattoo hat keine bestimmte Bedeutung. Ich habe es mir auch nicht aufgrund von etwa Trennungsschmerz oder großer Verliebtheit oder was auch immer stechen lassen. Ich wollte einfach eines haben, schon seit ich 20 war. Doch lange Zeit habe ich mich nicht getraut. Zweimal war ich in einem Tätowierstudio in Hannover und habe beim Anblick der Tätowiermaschinen mit einem mulmigen Gefühl in der Magengegend ruck, zuck wieder auf dem Absatz kehrtgemacht. Mit 28, kurz nachdem ich meinen Freund Torsten kennengelernt hatte, bin ich dann noch einmal zum Tätowierer. Mit dabei hatte ich eine Vorlage aus einer Tattoozeitschrift und geplant war eigentlich, dass das Tattoo sich von der rechten Schulter hinab bis zum Ellenbogen zieht. Meine Wahl war auf ein großes Tribal gefallen und ich dachte: »Wenn schon, dann aber richtig.« So gesehen war mein jetziges Tattoo erst der Anfang und noch lange nicht fertig. Als ich den zweiten Termin beim Tätowierer hinter mir hatte und das Tribal, so wie es jetzt ist, fertig war, hätte es noch weitere Termine geben sollen – es war ja noch viel Platz bis zum Ellenbogen –, aber dann kam immer etwas dazwischen. Zunächst wurde ich schwanger – statt beim Tätowierer, saß ich bei der Gynäkologin und im Geburtsvorbereitungskurs. Dann kam 2003 Leander auf die Welt – statt mir Gedanken über mein Tribal zu machen, wechselte ich Windeln, machte Fläschchen und schob den Kinderwagen durch die Parks. Dann trennten Torsten und ich uns – statt mein Tattoo zu vergrößern, versuchte ich mich im Alltag als alleinerziehende zurechtzufinden, meinen Job gut zu machen und für mich und meinen Sohn eine Basis aufzubauen. Und als ich dann tatsächlich gerade wieder den Kopf einigermaßen frei hatte, Leander aus dem Gröbsten heraus war und ich vermehrt auch wieder an mich denken konnte, da lernte ich Christian kennen. Und eine Frau mit einem womöglich komplett tätowierten Oberarm an der Seite eines Spitzenpolitikers – darüber hätte sich die Presse mit höchster Wahrscheinlichkeit noch mehr ausgelassen, als sie es ohnehin schon über mein Tattoo getan hat.

Ich verabschiedete mich von der Aussicht, meinem Tätowierer erneut einen Besuch abzustatten, und fand das eigentlich richtig schade. Denn mein Tattoo ist keine Jugendsünde, sondern ich habe mich ganz bewusst dafür entschieden. Ich verbinde damit, dass ich etwas gemacht habe, was ich unbedingt machen und haben wollte. Es zeigt ein Stück Lebensgefühl. Ein Stück meiner Überzeugung, wenn man so will, ein Stück meines Ichs und weil ich mich dafür nicht schäme, im Gegenteil. Ich habe mir das Tattoo auch nicht auf eine Pobacke oder unter die Fußsohlen stechen lassen, sondern an einer Stelle, wo man es sehen kann, wenn mir danach ist.

Mein Tattoo ist ein Teil von mir, und so habe ich auch nie, wirklich kein einziges Mal, darüber nachgedacht, es weglasern zu lassen. Auch nicht, als Christian und ich ein Paar wurden oder später die Presse über meine Tätowierung diskutierte. Denn ich selber finde sie ja gut. Natürlich wählte ich als Frau des Bundespräsidenten, besonders bei offiziellen Anlässen, schon eine Klamotte, die das Tattoo verdeckte. Eben damit nicht am nächsten Tag eine Schlagzeile über meine Tätowierung vom eigentlichen, wesentlichen Geschehen ablenkte.

Nur zu einem Termin versuchte ich tatsächlich einmal, das Tattoo zu überschminken, nämlich zur Hochzeit von Fürst Albert von Monaco und Charlene Wittstock im Juli 2011. Ich wollte abends ein schulterfreies weiß-rot gestreiftes Sommerkleid anziehen, kaufte mir daher spezielle Abdeckschminke und ging ans Werk – mit einem gruseligen Ergebnis. Am Ende des ganzen Abtupfens schimmerte das Tattoo trotzdem noch durch und alles in allem sah es aus wie ein riesengroßer Bluterguss.

Das war natürlich zu solch einem Anlass, einer royalen Hochzeit, schlicht unangemessen, sodass das Kleid im Schrank hängen blieb und die Wahl auf ein korallenfarbenes langes Kleid mit kleinen Ärmeln fiel. Für das Nachmittagsprogramm hatte ich ein langärmeliges beigefarbenes Mantelkleid von Rena Lange ausgesucht und für diese Wahl musste ich später echt viel Spott und Kritik einstecken. Zugegeben: Das Kleid saß nicht so perfekt, aber die Farbe mochte ich schon. Und wäre ich da in einem pinkfarbenen dünnen Flatterkleidchen aufmarschiert, hätte ich mir gewiss auch einige bissige Kommentare anhören müssen. So war es halt das Mantelkleid und die *Berliner Morgenpost* sprach von einem »ziemlich trutschigen Outfit«, auf Sueddeutsche.de war von einem »Kittelschurz-Kleid in fadem Beige« zu lesen und anderswo im Internet stand, dass ich in dem Outfit »mindestens 20 Jahre älter und zehn Kilogramm schwerer« aussah.

Da kann das Fell noch so dick sein – das liest keine Frau gerne über sich. Aber auch daran musste ich mich als Gattin des Bundespräsidenten gewöhnen: Mit Argusaugen wurde meine Kleidungswahl verfolgt, mit teils spitzer Feder bewertet und recht machen konnte ich es eh nicht allen.

Ich würde meinen privaten Kleidungsstil als locker und leger, klar und unkompliziert beschreiben. Ich stehe nicht morgens vor dem Schrank und grübele ewig, was ich denn nun anziehen könnte. Vielmehr entscheide ich nach meiner Laune, zum größten Teil aus dem Bauch heraus und mit einem Blick in meinen Terminkalender. Ein gepflegtes Erscheinungsbild war und ist mir wichtig, so viel steht fest. Ebenso, wie seinem Gegenüber und dem Anlass entsprechend angezogen zu sein. Es geht meiner Meinung nach nicht, bei einer royalen Hochzeit oder einem Staatsbankett in Jeans aufzutauchen. Das ist auch eine Form des Respekts, die man mit seiner Kleidung ausdrückt. Die Nachbarn in Großburgwedel, meine Freunde, meine Familie, sie kennen mich in Jeans mit Sweatshirt-Jacke und Sneakers genauso wie mit knielangem Rock, Bluse und Ballerinas oder aber im klassischen Hosenanzug oder einem schicken Kostüm. Ich bin keine der Frauen mit einem überquellenden Schuhschrank. Ich denke, ich besitze so an die 40 Paar. Ich bin auch keine der Frauen, auch wenn mir das gerne seitens der Presse angedichtet wurde, die jede Woche einmal eine große Shoppingtour haben muss, um im seelischen Gleichgewicht zu bleiben.

Solange Christian Ministerpräsident von Niedersachsen war, machte ich mir um meine Garderobe wenig Gedanken. Es gab einfach nicht so viele Events, an denen auch ich teilnehmen sollte. Und für die paar Veranstaltungen, bei denen ich Christian begleitete, reichte der damalige Inhalt meines Kleiderschrankes völlig aus. Ich hatte ein paar Jeans, Shirts, Blusen, Pullover, Stoffhosen, ein paar schicke Kleider, kurz und auch länger, und berufsbedingt, als Pressereferentin von Rossmann, selbstverständlich auch zwei bis drei klassische Kostüme und Hosenanzüge. Für meinen Alltag und das Dasein als Partnerin eines Ministerpräsidenten perfekt. Dies änderte sich jedoch nahezu schlagartig mit Christians Nominierung und späteren Wahl zum Bundespräsidenten. Noch stärker als zuvor stand auch ich im öffentlichen Interesse der Medien. Es brauchte keinerlei Erfahrung im Umgang mit einem öffentlichen Amt, es reichte ein

Blick in People-Magazine wie *Gala* oder *Bunte* mit all ihren Berichten über Michelle Obama, Carla Bruni und Co., um zu wissen: Mode regiert (mit) die Welt! Bei all der kritischen medialen Beobachtung, wo es schon nahezu als Fauxpas gilt, zweimal das Gleiche anzuziehen, musste ich erst einmal meine Auswahl im Kleiderschrank kräftig pimpen und shoppte daher in Hannovers Innenstadt auf einen Schlag zwei Kostüme, einen Rock, einen Blazer und ein langes Abendkleid. Übrigens auch später, als wir bereits in Berlin wohnten, bin ich zum Einkaufen lieber nach Hannover gefahren. Ich konnte mich mit Berlin auch in dieser Hinsicht schlecht anfreunden. In Hannover aber hatte und habe ich meine Lieblingsläden. Ich weiß, wo ich die Klamotten bekomme, die mir passen und gefallen. Dass deutsche Designer und Modehersteller gezielt auf mich zukamen und mir Kleider zum Tragen anboten, das kam übrigens erst etwa ein halbes Jahr nach Christians Amtsantritt. Aber dazu an anderer Stelle mehr. Lediglich der Kontakt zur Designerin Sonja Kiefer bestand bereits damals.

Als Frau des Bundespräsidenten hat man keinen Stylisten, der einen in puncto Kleidung berät. Den hätte ich mir aber ab und an durchaus gewünscht, gerade in den ersten Wochen und Monaten nach Christians Wahl. Denn woher, bitte schön, sollte ich denn wissen, was man bei einem Staatsbesuch anziehen sollte und was besser nicht? So musste ich mir denn gefallen lassen, dass sich die Presse nach unserem Besuch im Moskauer Kreml, im Oktober 2010, über meine hohen schwarzen Stiefel und den Mantel, den ich nicht ausgezogen habe, mokierte. Eine große deutsche Sonntagszeitung zeigte mich daraufhin als Papier-Anziehpuppe mit ein paar Kleidungsstücken zur Auswahl und ich weiß noch, wie mein Sohn Leander ganz aufgeregt mit diesem Artikel morgens zu mir ins Bad geflitzt kam und meinte: »Guck mal, Mama, dich gibt's jetzt auch zum Ausschneiden!«

Das war schon recht lustig. Ebenso übrigens einige Interpretationen zu meinen Frisuren, im Speziellen dem Pferdeschwanz. So wurde etwa auf Zeit.de gemutmaßt, was dieser Look über meine Persönlichkeit aussagen könne. Da hieß es: »Der Pferdeschwanz unserer First Lady befand sich eine ganze Handbreit über dem Nacken. Also über der Position gesetzter Damenhaftigkeit und unter der kindlicher Mädchenhaftigkeit. Er befand sich genau dazwischen.« Und als mögliche Begründung dafür wurde gleich noch mitgeliefert: »Dass Bettina Wulff auch anders, dass sie genauso gut ein 18-jähriges Girlie sein könnte, wie sie jetzt First Lady ist. Insofern steckt in ihrem Pferdeschwanz eine sehr moderne Auffassung von Lebensrollen.« Interessant.

Mir war es wichtig, mich als Frau des Bundespräsidenten, wenn es der Anlass hergab, immer wieder auch ganz offiziell leger in Jeans und Bluse zu zeigen, wie etwa bei einer Pressekonferenz im November 2010 zur Arbeit der Stiftung »Eine Chance für Kinder«. Wenn man über vernachlässigte Mädchen und Jungen spricht, über das Engagement, dagegen etwas zu tun, hätte ich es als merkwürdig und meine Worte ein Stück weit auch als unglaubwürdig empfunden, mich da in Glitzerrobe zu präsentieren. Zudem hätte es eben viel zu viel abgelenkt von dem Wesentlichen. Ich fand es teilweise sehr nervig und anstrengend als »Stilikone« aufgebauscht zu werden oder mich mit angeblichen Style-Duellen beziehungsweise Style-Vergleichen mit irgendwel-

chen Prinzessinnen und Präsidentengattinnen auseinanderzusetzen, so wie es die Medien immer wieder präsentierten. Dafür
hatte ich in Berlin einfach ganz andere Sorgen zu bewältigen …

9 Die Beziehung

Es wäre eine Lüge zu sagen, dass das Aus- und Erfüllen des Amtes des Bundespräsidenten spurlos an unserem Beziehungsleben vorbeiging. Möglicherweise war es bei anderen Paaren nicht der Fall, ich aber merkte bereits nach etwa einem Jahr, dass sich Wesentliches veränderte. Vorher hatten Christian und ich eigene, voneinander unabhängige Berufe. Jeder hatte seinen Bereich. Christian war Ministerpräsident von Niedersachsen, ich Pressereferentin bei Continental beziehungsweise später bei Rossmann. Diese getrennten Leben waren gut. Wir waren jeder eigenständig, konnten uns in dem, was wir gelernt hatten, beweisen und darum recht erfüllt und zufrieden aufeinander zugehen und miteinander als Partner umgehen.

Als Bundespräsident und als Frau des Bundespräsidenten mussten wir zu einer quasi untrennbaren Einheit werden. Zwar gab es einen Terminkalender für Christian, ebenso einen eigenen Terminkalender für mich und überdies einen für uns gemeinsam, doch bei allem, was ich tat, war ich stets die Frau des Bundespräsidenten. Ich hatte ein großes Stück Eigenständigkeit und Selbstbestimmung verloren. Und Woche für Woche, die verging, wurde mir dies bewusster und gab mir zu denken.

Mein Mann und ich waren zu einem professionellen Team geworden. Gerade wenn es um Termine im Ausland ging, zeigten wir uns als eingespieltes Duo. Wir konnten das beide richtig gut, davon bin ich überzeugt. Wir entsprachen den Anforderungen und erfüllten die Erwartungshaltung, die insbesondere das Ausland, ausländische Politiker beziehungsweise Staatsoberhäupter an uns als Bundespräsidentenpaar stellten. Der Haken jedoch: Das gemeinsame Repräsentieren ist das eine, das Innenleben das andere. Ich fragte mich, inwieweit dieses Auftreten authentisch ist und sein muss und wie viel es mit der individuellen Gefühlslage zu tun haben darf.

Christian und ich arbeiteten unsere Terminkalender ab. Der Platz für persönliche Momente oder aber der Freiraum, um Emotionen zu zeigen, wurde immer eingeschränkter. Wir standen permanent unter Beobachtung. Und dieses Wissen, als liebendes Paar wahrgenommen zu werden und auch wahrgenommen werden zu wollen und als Menschen, die gleichzeitig auch das Amt perfekt ausfüllen, das war schon eine besondere Belastung. Man ist einfach nicht immer gleich gut gelaunt und versteht sich auch nicht immer gleich gut. Und da setzt einen die Selbstverständlichkeit, jeden Tag erneut als funktionierende Einheit auftreten zu müssen, manchmal unter Druck. Stimmungen, Gefühle und eigene Bedürfnisse mussten ganz schnell hintenangestellt werden. Wenn man nicht für katastrophale Schlagzeilen sorgen will, zickt man nicht herum, kommt nicht zehn Minuten zu spät, zieht die Mundwinkel nicht nach unten.

Es war anstrengend für mich, einen Großteil meiner Emotionen zu unterdrücken. Gerne hätte ich an dem einen oder anderen Morgen zu Christian gesagt: »Du, ich bleibe noch mal 20 Minuten länger im Bett«, und dies nicht aus Müdigkeit, sondern aus dem Bedürfnis nach Ruhe und Alleinsein. Doch dies war ein Ding der Unmöglichkeit, weil da schon der Fahrer vor der Tür stand oder weil sich schon die Gäste im Schloss Bellevue versammelt hatten, weil man wieder einfach funktionieren musste. Genau das aber, auf das eigene Gefühl zu hören und vielleicht doch einmal länger im Bett liegen zu bleiben oder alleine am Frühstückstisch zu sitzen und entspannt die Zeitung zu lesen, hätte der Beziehung in Berlin sicher gutgetan. Um ein wenig Abstand zu gewinnen, sich selbst zu sortieren und für sich wieder klarer zu sehen.

Lange schleppte ich meine trüben Gedanken unausgesprochen mit mir herum. Aber nach gut einem Jahr versuchte ich Christian mit Andeutungen und in Nebensätzen mein Unbehagen mit der ganzen Situation mitzuteilen. Denn mittlerweile spürte ich mindestens einmal pro Woche heftige Magenschmerzen. Mir war häufiger als sonst schlecht und mein Appetit hielt sich auch in Grenzen. Ich wusste, dass ich aufpassen muss. Denn bereits mit etwa 23, 24 hatte ich eine ähnliche Phase erlebt. Es war zur Studienzeit und ich war umgeben von karriereorientierten Kommilitoninnen und Kommilitonen, die die Ellenbogen ausfuhren. Zwar prophezeiten uns die Professoren beste Chancen in deutschen Medienabteilungen, aber dies entsprach so gar nicht meinen Vorstellungen vom Leben. Natürlich wollte ich arbeiten, natürlich wollte ich einen tollen Job, aber ich wollte nicht nur und nicht zwingend Karriere machen. Seltsamerweise glaubt einem dies ja heute kaum einer, wenn man es sagt. Dann wird nur scheinbar verständnisvoll genickt, aber gedacht wird doch: »Was redet die da? Klar will die Karriere machen.« Warum ist das so? Warum meinen immer alle, dass man wie selbstverständlich nach großem beruflichen Erfolg strebt? So gesehen war das Studium für mich eine große Ernüchterung. Es machte mir keinen Spaß, ich musste mich manchmal aufraffen, um überhaupt zu den Seminaren und Vorlesungen zu gehen. Diese Situation schlug mir extrem auf den Magen und irgendwann beschloss ich damals einfach, nichts mehr zu essen. Bringe ich heute bei einer Größe von 184 Zentimetern um die 64 Kilo auf die Waage, waren es damals irgendwann noch 52 Kilo. Meine Eltern und mein Bruder kamen zu dieser Zeit nicht mehr an mich heran. Ich kapselte mich ab, lebte in meiner eigenen kleinen Welt. Es war meine Freundin Stephanie, die mich mit vielen Gesprächen wieder da rausholte. Denn ich selbst nahm nicht wahr, wie schlecht es mir eigentlich ging. Und genau diesen Aspekt, die Sensibilität für sich selbst zu verlieren, befürchtete ich auch nach einiger Zeit als Frau des Bundespräsidenten.

Im Hinblick auf Leander und Linus hatte ich mir relativ früh, schon einige Wochen nach der Wahl von Christian, die ersten Gedanken über das mögliche »Danach« gemacht. Nicht aus Zukunftsängsten oder einem großen Planungsdrang heraus, sondern weil ich eben schnell spürte, dass dieses Leben in Berlin nur noch wenig mit meinem Leben davor zu tun hatte, mir dieses durchgetaktete und durchterminierte Dasein zu schaffen machte und es sich stark auf unser Familienleben auswirkte. Ich überlegte, ob ich das wohl fünf Jahre aushalte oder im Zweifelsfall – davon musste ich ja zunächst auch ausgehen – vielleicht bei einer Bestätigung von Christian als Bundespräsident sogar zehn Jahre. Und der Gedanke, noch weitere neun Jahre so zu leben, machte mich ziemlich nachdenklich. Fünf Jahre waren für mich kalkulier- und absehbar, zehn Jahre aber vorgegeben zu bekommen, das war ein Zeitraum, der mich beängstigte.

Ich lebe und plane in drei, maximal fünf Jahresschritten und plempere mit meiner Lebenszeit nicht herum. Das liegt sicher zum einen an den Kindern, aber auch an meiner Überzeugung, dass ich nicht davon ausgehen kann, 80 oder 90 Jahre alt zu werden. Ich denke lieber in kürzeren Zeitabschnitten, zumal sich das meiste meiner Erfahrung nach doch eh gar nicht bis ins Detail planen lässt, sondern – so pathetisch es sich anhört – das Leben seine ganz eigenen Wege einschlägt. Zudem konnte ich mir auch selbst keine sinnvollen Antworten mehr darauf geben, was nach zehn Jahren folgen könnte. Nach fünf Jahren, so meine Überlegungen, wäre ich vielleicht wieder in die Pressestelle zu Rossmann zurückgekehrt. Ebenso konnte ich mir vorstellen, mich im PR-Bereich selbstständig zu machen. Aber nach zehn Jahren? Da war zunächst einmal nur ein großes Fragezeichen.

Ich befürchtete, dass mir womöglich diese weiteren fünf Jahre als Frau des Bundespräsidenten vielleicht einmal in meinem eigenen Leben fehlen würden und ich manches, wie zum Beispiel mit Freundinnen in der Disco tanzen zu gehen, nicht einfach nachholen kann, weil ich mich dann dafür zu alt fühle. Ich wollte nicht alles in eine ferne Zukunft schieben und sagen: Na gut, dann sind wir halt jetzt eventuell zehn Jahre hier in Berlin und dann, im elften Jahr, beginnt wieder unser privates, einander zugewandtes Leben.

So gesehen war es aus meiner Sicht unvorstellbar, dass es zehn Jahre werden konnten. Es hätte einen Punkt gegeben, wo ich ernsthaft gesagt hätte: Es geht nicht mehr. Wir müssen nach

Möglichkeiten suchen, wie man das alles hier anders organisiert. Vielleicht hätte es dazu geführt, dass ich als Frau des Bundespräsidenten nicht mehr überall mit dabei gewesen wäre, dass wir viel stärker abgewogen hätten, welche Termine wirklich wichtig sind. Christian und ich hatten diese Gespräche. Er sah die Situation jedoch pragmatisch und sagte: »Jetzt machen wir das erst einmal fünf Jahre und dann schauen wir, was passiert.« Er äußerte, dass es schließlich nur ein begrenzter Zeitraum, eine besondere Verantwortung und ein einmaliges sowie interessantes Leben sei, was wir da führen. Dies sah ich durchaus genauso, doch in mir keimte Angst auf, dass ich dafür einen Teil meines eigenen Lebens verpasse. Dass ich vor lauter offiziellen Terminen und ständigem Repräsentieren nach außen den Blick in mein Inneres aufgebe und damit auch Dinge, die mir viel wichtiger sind. Ungestört Urlaub zu machen, wann und wo ich das möchte. Feiern können, wann ich will. Schlafen können, wann ich will. In Shorts und T-Shirt am Strand Kopfstand machen, wann ich das will. Kurzum: Einfach tun und lassen, wonach mir ist, ohne Rücksicht auf irgendwelche Protokolle nehmen zu müssen. Mein Mann meinte zwar, es wäre bestimmt gegangen, sich ein Stück weit aus der öffentlichen Wahrnehmung, ja fast schon Kontrolle zurückzuziehen, doch ich war und bin fest davon überzeugt, dafür hätte man uns medial zerrissen. Also machten wir weiter wie gehabt und ich schob meine Ängste und Zweifel beiseite.

Rückblickend sagt Christian, dass er total mit dem Amt beschäftigt war und dass ihn dies in höchstem Maße gefordert hat. Er räumt ein, dass er bestimmte Züge an meinem Verhalten wahrnahm, aber es nicht schaffte, sich auch noch darum zu kümmern, was ich ihm absolut glaube. Wenn er abends oder nachts nach Hause kam, dann konnte er sich nicht noch mit anderen Angelegenheiten beschäftigen. Und das geschah nicht aus Böswilligkeit oder Ignoranz, sondern er war schlichtweg physisch wie psychisch nicht in der Lage, sich über allem auch noch mit mir auseinanderzusetzen. Das bereut er heute. Und das macht ihn, so finde ich, sehr menschlich und nahbar. Aber es zeigt vor allem auch die massive Fremdbestimmung bei ihm. Christian unterliegt einem Pflichtbewusstsein bis zur Selbstaufgabe. Jahrzehntelang hat er alles Persönliche, seine Gefühle und Bedürfnisse, hintangestellt. Ich denke, dieses Muster hat er sich schon als junger Mensch irgendwie angeeignet und weitergepflegt. Und wer nicht weiß, was seine Wünsche und Gefühle sind, hat auch ein Stück weit verlernt, darüber zu sprechen. Christian hat das für sich einfach nie zugelassen. Auch dies hat sich in den vergangenen Monaten, nach dem Rücktritt, zum Glück sehr geändert. Er hat realisiert, dass man ein Familienleben nicht nur nach außen führen kann, sondern dass man sich dafür auch über sich selbst Gedanken machen muss und auch mit dem Partner darüber spricht.

Zu verlernen, was die eigenen Bedürfnisse sind, geht erschreckenderweise ziemlich schnell, und darum mache ich meinem Mann auch keine Vorwürfe. Ich bekam es ja selbst mit. Was war das für ein Kampf, in Berlin als Paar einmal alleine abends auszugehen? Seitens der Überwachung durch das BKA wurde da zu Beginn der Amtszeit aus meiner Sicht ein immenses Aufheben gemacht. Christian und ich mussten große Überzeugungsarbeit leisten, um uns hin und wieder aber diese Freiheit zu gönnen. Denn auch wenn die Beamten meinten, sie benähmen sich unauffällig: Es ist einfach etwas anderes, ob man tatsächlich zu zweit alleine in ein Restaurant geht oder ob eine Minute später noch einmal zwei, drei Personen zur Tür hineinkommen, sich zwar in die andere Ecke des Lokals setzen und so tun, als seien sie unsichtbar – es aber nicht sind. Ganz toll war auch, im Hotelzimmer zu liegen und zu wissen, dass im Zimmer gegenüber Beamte 24 Stunden wach sind, quasi Babysitter spielen und auf einen aufpassen. Für manche mag das vielleicht anregend sein, für mich war es das nicht. Eher ging es mir im Kopf herum: »Na, dann muss man ja verdammt leise sein, bei allem, was man so tut. Vielleicht sind die Wände ja doch nicht so dick.«

Oder diese Gruppenreisen, als nichts anderes würde ich es augenzwinkernd bezeichnen, wenn Christian und ich in Urlaub fuhren. Selbstverständlich hatten wir auch da Sicherheitsbeamte mit im Schlepptau und es ist doch schon ziemlich grotesk, wenn man ins Meer geht und da immer jemand am Wasserrand steht und versucht, möglichst unauffällig zu gucken, dass mein Mann nicht untergeht. Wobei ich sagen muss, dass wir zu den meisten Sicherheitsbeamten fast schon zwangsläufig ein sehr gutes Verhältnis aufgebaut haben, sie ein Stück weit zur Familie gehören und noch immer Bezugspersonen für die Kinder sind.

Trotzdem, so nett die Beamten waren und so unscheinbar sie sich damals gaben – diese extreme Dauerüberwachung war ein Teil des Alltags, auf den ich gut hätte verzichten können. Sie war eine der großen Schattenseiten im Dasein als Frau des Bundespräsidenten.

Und so gerne ich diese Rolle daher manchmal aufgegeben hätte, gab es auch sehr gute Dinge, die ich erlebte und vor allem tun konnte. Und das wiederum gerade und sogar nur, weil ich die Frau des Bundespräsidenten war ...

10 Das Charity-Engagement

»Sehr geehrte Frau Wulff, könnten Sie für uns beim Berlin-Marathon starten?« Oder: »Sehr geehrte Frau Wulff, haben Sie eine Bluse, die wir zu unseren Gunsten auf unserem Sommerfest versteigern können?« Oder: »Sehr geehrte Frau Wulff, könnten Sie zu unserem Grünkohlessen ins Emsland kommen?« Schon verrückt, was da teilweise an Anfragen von den unterschiedlichsten Vereinen und Verbänden aus ganz Deutschland auf mich als Frau des Bundespräsidenten zukam. Pro Woche waren es bestimmt an die 15 bis 20 Briefe, Mails oder Anrufe in meinem Büro, wo jemand sich erkundigte, ob ich mich nicht für seine Sache einsetzen wolle. Ich stelle mir das ein wenig wie bei einem Lottogewinn vor: Auf einmal denken alle, dass es da jetzt einen großen Kuchen gibt, und alle wollen etwas davon abhaben. Der erste Haken an der Sache: Einen Lottogewinn kann und sollte man wohl im Idealfall verschweigen, die Wahl von Christian zum Staatsoberhaupt war nun aber einmal öffentlich. Das ging nicht zu verheimlichen. Der zweite Haken: So groß, wie die Menschen meinen, ist der Kuchen gar nicht. Klar steht man in der Öffentlichkeit und traditionsgemäß gibt es gewisse Schirmherrschaften wie zum Beispiel für UNICEF oder das Müttergenesungswerk, die die Frau des Bundespräsidenten übernimmt. Doch dieser Bereich nimmt nur einen Teil der Aufgaben ein, und so merkte ich ziemlich schnell, dass man wirklich aufpassen muss, sich nicht zu verzetteln.

Natürlich hätte ich mich auch für Senioren, für Behinderte, für Frauen oder für seltene Krankheiten, vielleicht für bedrohte Tierarten oder sogar alles zusammen einsetzen können. Das sind schließlich alles wichtige Themen, doch das wäre nicht ich, nicht mein Leben gewesen. Ich habe selbst zwei kleine Kinder, war alleinerziehende Mutter gewesen und daher wusste ich vor allem um die Alltagssorgen, -themen und -belange von Müttern. So stand für mich bereits einige Wochen nach Christians Wahl fest, dass ich meinem Engagement eine klare Richtung geben und mich ganz auf das Thema »Kinder und Jugendliche« fokussieren wollte. Ich finde, es klingt immer glaubwürdiger, wenn sich jemand für etwas starkmacht, wozu er einen direkten Praxisbezug hat und sich nicht erst wochenlang intensiv einlesen und einarbeiten muss. Mir ist Authentizität wichtig. Ich meine, man stelle sich mich nur einmal als Sprecherin zur Rettung des deutschen Dackels vor. Zwar ein ganz bezauberndes Tier, aber wo ist da die unmittelbare Verbindung zu meinem Leben? Oder ich als Repräsentantin des Deutschen Bauernverbandes? Sicher wäre das ein Engagement für eine gute Sache, aber in Bezug zu meiner Person eher unglaubwürdig.

Nein, ich muss mich in meiner Haut und mit dem, was ich tue, wohlfühlen, und das war beispielsweise der Fall, als ich bereits 2008 Adolf und Celia Windorfer kennenlernte. Das Ehepaar hatte im Jahr 2000 die gemeinnützigen Stiftung »Eine Chance für Kinder« gegründet. Die Stiftung setzt sich dafür ein, Kindesvernachlässigung und Kindesmisshandlung zu verhindern.

Als mir Windorfers von ihrem Engagement für den Einsatz von Familienhebammen erzählten, war ich gleich begeistert und überzeugt. Familienhebammen sind Spezialistinnen für Familien, für Mütter beziehungsweise werdende Eltern mit besonderem Hilfebedarf. Familien, die sich in sozial und psychologisch schwierigen Lebenssituationen befinden. So kann dieser Hilfebedarf entstehen, weil die Mutter beispielsweise Suchtprobleme hat oder weil sie selber noch Teenager ist oder im Alltag überlastet. Viele Mütter sind auch alleinerziehend und müssen sich unter Umständen um mehrere Kinder kümmern oder sind durch Arbeitslosigkeit in finanzielle Nöte geraten. Familienhebammen stehen diesen Frauen und Eltern und deren Kindern zur Seite – in allen Lebensbereichen. Sie sind als Hebammen qualifiziert und unterliegen den gleichen Pflichten, etwa der Schweigepflicht. Aber Familienhebammen haben eine aufwendige Zusatzqualifikation und begleiten Mütter beziehungsweise Familien – im Idealfall während des gesamten ersten Lebensjahres des Kindes. Sie sind darauf geschult, zum Beispiel Zeichen einer sich anbahnenden Wochenbettdepression zu erkennen und notwendige Hilfe für die Zeit nach der Geburt zu organisieren. Sie helfen der Mutter bei der Anleitung zur Ernährung und Pflege des Säuglings und haben vor allem den gewaltfreien Umgang mit dem Baby im Blick. Familienhebammen werden in der Regel auch von sozial belasteten Familien akzeptiert und man gewährt ihnen Zutritt. Denn eine Hebamme, das wissen auch diese Familien, kommt zu jedem Elternpaar in die Wohnung. Das schafft die besondere Möglichkeit, auch Familien zu betreuen, die sonst Kontakte von außen ablehnen.

Familienhebammen sind sicher keine völlig neue Erfindung, sie sind aber durch die Aktivitäten der Stiftung »Eine Chance für Kinder« zahlenmäßig und qualitativ stark gefördert und damit in das Rampenlicht der Öffentlichkeit gebracht worden. Die Bedeutung ihrer Arbeit wird, so denke ich, aber immer noch viel zu wenig geschätzt und auch die Notwendigkeit ihrer Hilfe. Erst seit Verabschiedung des neuen Kinderschutzgesetzes, das seit Anfang 2012 gilt und in dem Familienhebammen explizit als ein wichtiger Baustein der sogenannten Frühen Hilfen genannt werden sowie ihr Einsatz bundesweit in den Kommunen ausgeweitet werden soll, ist das Thema in der Politik endlich in aller Munde.

Für »Eine Chance für Kinder« bin ich immer gerne im Einsatz. Ich besuche die Familien und Mütter gemeinsam mit den Familienhebammen zu Hause, auch treffe ich mich mit Hebammen, die die Weiterbildung durch die Stiftung absolvieren. Wir gehen zusammen mit Journalisten in Förderschulen und zeigen, wie wichtig Aufklärungsunterricht bei diesen Jugendlichen ist. Für eine verstärkte Öffentlichkeitsarbeit produzierten wir auch einen Film und gerne jogge ich auch für den guten Zweck im Zeichen der Stiftung. Gelder einzutrommeln gehört natürlich auch zu dieser Aufgabe: Vom Sponsorenessen im kleinen Rahmen bis hin zu Benefizkonzerten mit 2000 Gästen – bei diesem Thema lasse ich nichts unversucht. Und ich bin mächtig stolz zu sagen, dass wir mit der Stiftung mittlerweile einiges erreicht haben: In Niedersachsen beispielsweise werden inzwischen von 42 der insgesamt 60 Jugendämter Familienhebammen eingesetzt. »Eine Chance für Kinder« ist dabei als Träger der Hilfemaßnahme in zwölf Kommunen tätig. Sie setzt Familienhebammen in der Region, dem Dorf, dem Bezirk ein und vermittelt zwischen hilfsbedürftigen Familien beziehungsweise Müttern durch eine Koordinatorin. Diese stellt in Absprache mit der Mutter beziehungsweise Familie den Bedarf und die möglichen Einsätze der Familienhebammen fest und bildet auf diese Weise sozusagen eine »Scharnierfunktion« zwischen Familienhebamme und jeweils zuständiger Behörde. Nur wenn alle für den Kinderschutz Verantwortlichen, die zuständigen Behörden, Beratungsstellen, Ärzte und andere Akteure sowie auch die Familienhebammen offen aufeinander zugehen, kann der Einsatz der Familienhebammen effektiv organisiert werden. 2011 beispielsweise konnten so in den Kommunen, in denen die Stiftung als Träger tätig ist, durch 37 Familienhebammen insgesamt 693 Familien betreut werden.

Doch wir schauen auch über den Tellerrand, über Niedersachsen hinaus, haben Berlin verstärkt ins Visier genommen. Denn die Rate vernachlässigter Kinder ist im Vergleich aller deutschen Städte in der Hauptstadt am höchsten. Dem wollen wir als Stiftung entgegenwirken. So sind seit April 2011 in den drei Berliner Bezirken Neukölln, Mitte und Friedrichshain-Kreuzberg verstärkt Familienhebammen im Einsatz. Im November 2011 ist dann noch Steglitz-Zehlendorf dazugekommen. Die nunmehr zwölf Familienhebammen betreuten in ihrem ersten Jahr fast 70 junge Familien. Finanziert wird diese Maßnahme durch »Eine Chance für Kinder« mit Unterstützung des Vereins Bild hilft e. V., »Ein Herz für Kinder« und der Mercedes-Benz-Niederlassung Berlin.

Ich habe selbst in den vergangenen Jahren einige Mütter und auch einen alleinerziehenden Vater kennengelernt, die in ihrer jeweiligen Situation ungemeine Unterstützung durch die Familienhebammen erfahren haben. Besonders beeindruckend war dieser Vater, dessen Frau relativ kurz nach der Geburt bei einem Autounfall getötet wurde. Der Vater war mit der Situation absolut überfordert und zudem kam noch die Trauer. Er sagte, ohne die Betreuung durch die Familienhebamme wäre er am Ende gewesen.

Ich halte das Projekt für ganz großartig und weiß aus den Erfahrungen der vergangenen Jahre, dass diese Hilfe wirkt. Und ich bin gespannt, wie sich das Projekt weiterentwickelt.

Kurz nach der Wahl von Christian zum Bundespräsidenten meldete sich dann auch Roland Koch bei mir und fragte, ob ich nicht Schirmherrin der Deutschen Kinder- und Jugendstiftung werden möchte. Das war eine gute Idee von ihm, mich so schnell zu kontaktieren. Denn wie erwähnt trudelten nach und nach immer mehr Anfragen bei mir ein.

Ähnlich wie »Eine Chance für Kinder« gefiel mir die Deutsche Kinder- und Jugendstiftung von ihrer Ausrichtung her. Und als ich sagte, dass mir besonders die frühkindliche Bildung ein Anliegen wäre, überzeugte Roland Koch mich mit dem besten Argument: Er erzählte mir von den Kinder- und Grundschulprojekten, die erfolgreich von der Stiftung aufgezogen wurden. Dazu gehört auch das Projekt »Welt-Räume«. Bei den »Welt-Räumen« steht die Förderung von sozial benachteiligten Kindern im Fokus. Es geht dabei um die Schaffung von Lernwerkstätten in Kitas, Schulen oder Freizeiteinrichtungen in sozialen Brennpunkten. Mädchen und Jungen im Alter von etwa vier bis zwölf Jahren können dort entdecken, forschen und experimentieren und bekommen dafür natürlich kostenlos Bastelutensilien, Werkzeuge, Bretter, Batterien, Lampen, Nägel und vieles mehr zur Verfügung gestellt. Im November 2011 habe ich selbst eine solche Lernwerkstatt in der Albrecht-Dürer-Grundschule in Frankfurt-Sossenheim besucht. Ich habe dort mit den Kindern, die überwiegend aus Migrantenfamilien kommen, mehrere Stunden gebastelt und sie zeigten mir auch die Umgebung, in der sie groß werden. Als ich mit den Mädchen und Jungen durch die Straßen mit diesen doch ziemlich trostlosen Hochhaussilos ging, kein schöner Spielplatz in der Nähe, kein geeigneter Bolzplatz, da wurde mir richtig bewusst, welche Oase die Werkstatt für diese Kinder darstellt. Die Kinder gehen dort sonst kaum vor die Tür, weil es keinen Anreiz gibt und weil ihre Eltern ihnen auch oftmals keine Anreize für Freizeitgestaltung geben. In der Werkstatt aber lernen die Mädchen und Jungen, selber Dinge zu bauen, sie zu beschreiben und anderen zu präsentieren. Das schafft Selbstvertrauen, schult die Sprache und die Kinder beginnen, selber Neugier und Lust aufs Lernen zu entwickeln.

Regelmäßig werden auch die Eltern eingeladen, um sich anzuschauen, was ihre Kinder in den Werkstätten machen. Dies zum einen, damit sie sehen, dass nichts hinter verschlossener Tür geschieht und nichts vor ihnen verheimlicht werden soll. Zum anderen ist es die große Chance, diese Väter und Mütter mit ins Boot zu holen, Hemmschwellen abzubauen und ihnen die

Möglichkeit zu geben, in einem ganz ungezwungenen Rahmen Fragen stellen zu können und über die Entwicklung ihres Kindes zu erzählen – auch über eventuelle Probleme und Sorgen.

Die Projekte beider Stiftungen finanzieren sich in großen Teilen über Spenden. Als Schirmherrin beziehungsweise Botschafterin rühre ich ordentlich die Werbetrommel, damit Geld in die Kassen kommt. Womit ich aber nicht gerechnet habe: Wie viel das unter Umständen sein kann, zum Beispiel auf einen Schlag über 660 000 Euro. Genau diesen Betrag bekam die Deutsche Kinder- und Jugendstiftung aus dem Erlös des RTL-Spendenmarathons 2011, bei dem ich als Patin für die »Welt-Räume« das Projekt im Fernsehen vorstellte. Die Spenden werden in den Ausbau der Lernwerkstätten fließen. Bundesweit können 13 neue »Welt-Räume« entstehen. Diese Summe aber ist so gewaltig, dass sie mich tatsächlich zunächst sprachlos machte: 660 000 Euro – einfach nur Wahnsinn. Freute man sich vorher über jeden 50- oder 100-Euro-Schein, den die Leute spendeten, weil man ihnen von seinen Projekten erzählt hatte, spielte ich plötzlich in einer komplett anderen Liga. Auf einmal waren es sechsstellige Summen, die auf das Konto der Vereine flossen, und das nur, weil ich die Frau des Bundespräsidenten war. Diese Verschiebung der Dimensionen war so gewaltig, dass ich es schon paradox fand. Lieschen Müller, die sich aufopferungsvoll um benachteiligte Kinder kümmert, oder Helga Mustermann, die sich für missbrauchte Mädchen und Jungen starkmacht – sprich: ganz normale Frauen, die so viel von ihrer Freizeit geben, um sich in Kinder- und Jugendprojekten zu engagieren, werden nicht beachtet und müssen häufig um jeden Euro Unterstützung kämpfen. Aber als Gattin des höchsten Politikers im Lande investiert man etwas von seiner Zeit, nimmt Journalisten und Fotografen mit, spricht über das, was man tut und worum es geht, und die Menschen spenden. Anfangs habe ich mich noch über diese Ungerechtigkeit aufgeregt. Dann aber sagte ich mir: »Ist halt so. Daran werde ich leider nichts ändern können, aber ich kann es nutzen. Und das werde ich tun.«

Und ich habe es sehr gerne getan, denn es sind die ganz tollen, positiven Seiten für eine Frau des Bundespräsidenten. Man sieht, dass man etwas erreicht und dass man etwas bewirken kann. Umso mehr tat es gut zu erfahren, dass sowohl die Verantwortlichen der beiden Stiftungen wie aber auch Zuständige anderer Vereine während der gesamten Wochen, in denen mein Mann und ich die deutsche Medienberichterstattung nahezu beherrschten, zu mir standen. Auch als Christian zurückgetreten war, schrieben mir alle, wie bestürzt sie seien. Und das waren keine Floskeln oder abgedroschenen Phrasen. Das Mitgefühl war aufrichtig und es tat sehr gut zu wissen, dass ich für diese Menschen die ganze Zeit über nicht nur die »Frau von …« gewesen war, sondern eben auch einfach »Bettina Wulff«. Eine Bestätigung dafür sehe ich an der Tatsache, dass sowohl die Stiftung »Eine Chance für Kinder« wie auch die Deutsche Kinder- und Jugendstiftung an mir als Schirmherrin beziehungsweise Botschafterin festhält. Das freut mich ungemein, denn wir haben wirklich etwas zusammen aufgebaut.

Ich will das gar nicht herunterspielen: Es war und ist schon ein ziemlich harter Schnitt. Nicht nur für mich, sondern auch für die Vereine und Verbände. Zum Beispiel hatte ich erst wenige Tage vor Christians Rücktritt, Ende Januar 2012, einen neuen Film für das Müttergenesungswerk gedreht. Eine Institution, die mir sehr am Herzen liegt. Ich hatte drei Einrichtungen besucht, mich mit Müttern unterhalten, die das erste Mal dort waren. Und ich denke schon, es ist etwas anderes, wenn ich mich als Mutter von zwei kleinen Kindern, selbst berufstätig und früher alleinerziehend, für die Belange von Müttern einsetze, als wenn es jemand tut, der bereits erwachsene Kinder hat. Ich habe eine aktuelle Sicht auf die Dinge. Das ist einfach eine Tatsache. So meine ich schon, dass wir auf einem guten Weg waren, ein paar Dinge zu verändern und dem doch etwas verstaubten Image dieser traditionsreichen Stiftung ein modernes Gesicht zu geben. Jedenfalls bedauerten es auch einige Mitarbeiterinnen des Müttergenesungswerkes, dass dieser Schwung, der da aufkam, abrupt zu Ende war.

Denn ganz egal, was wird – die Vereine und Organisationen müssen sich neu orientieren, an jemand Neues gewöhnen. Und es ist immer ungewiss: Übernimmt die Frau des nachfolgenden Bundespräsidenten das Engagement wirklich oder wird sie sich vielleicht für völlig konträre Themenbereiche starkmachen? Christina Rau hat sich neben anderem beispielsweise ja auch für Organtransplantierte engagiert, Eva Luise Köhler für seltene chronische Krankheiten und ich mich dann für Kinder und Jugendliche. Jede wählt nun einmal Schwerpunkte nach ihren Interessen, nach ihrer Überzeugung. Für die Vereine und Verbände aber finde ich es äußerst bedauerlich, wenn nicht sogar existenziell bedrohlich. Denn mit dem jeweiligen Verschwinden einer Bundespräsidentengattin aus der Öffentlichkeit und aus dem Fokus der Medien verschwinden auch sie ein Stück weit aus dem Blickfeld der Bevölkerung. Für viele von ihnen heißt es dann wieder »Zurück auf Start« ...

11 Die Kinder

Was wird mein Sohn Leander später einmal, als Jugendlicher oder Erwachsener, zu mir sagen? Auch mein Sohn Linus. Werden die beiden mir Vorwürfe machen, dass ich einfach über ihre Köpfe hinweg entschieden habe? Werden sie sagen, dass ich zu wenig an ihr Wohl dachte? Dass ich auch in zu vielen Momenten nicht die Mutter war, die sie vielleicht gebraucht hätten? Ich frage mich häufig, welche Spuren all das Erlebte bei den zwei Jungs hinterlassen wird.

Als selbstständige, selbstbestimmte und erwachsene Frau habe ich mich gemeinsam mit meinem Mann bewusst dazu entschlossen, dass er das Amt des Bundespräsidenten wahrnimmt und wir dafür nach Berlin gehen. Aber als Kind, als Leander und als Linus – da musst du einfach mitziehen, im wahrsten Sinne. Selbstverständlich habe ich darüber nachgedacht, was dies für die Kinder bedeutet. Für Linus, der sich in einer neuen Kita einleben müsste. Aber besonders für Leander, der mit seinen damals sieben Jahren gerade erst in die erste Klasse der Grundschule in Großburgwedel gekommen war. Sich gerade erst an den Schulalltag gewöhnt hatte und Freundschaften zu Mitschülern aufbaute. Auch spielte er damals erst seit einem halben Jahr begeistert Fußball beim örtlichen Verein FC Burgwedel und ich hatte ihn in der Musikschule zum Gitarrenunterricht angemeldet. Mit dem Umzug nach Berlin müsste er

diese Freunde verlassen. Von einem auf den anderen Tag würden der beste Freund und die geliebten Nachbarskinder fehlen,
mit denen er sich immer nachmittags zum Kicken oder Roll-
schuhlaufen verabredete. Stattdessen würde Leander in eine
vermeintlich geschlossene Gemeinschaft, die neue Schulklasse,
kommen. Er müsste sich dort erst einmal wieder einleben, die
Lehrer kennenlernen und neue Freunde finden. Ich glaube, es
ist viel zu leicht und oft von Erwachsenen dahingesagt, dass
Kinder so etwas schon meistern werden. Bestimmt tun sie das,
aber vielleicht nicht so selbstverständlich, wie wir Eltern das
möglicherweise und gerne glauben.

Leander war regelrecht geschockt, als ich ihm sagte, dass
wir nach Berlin gehen. Er hat fürchterlich geweint und war
phasenweise völlig verzweifelt. Er wollte in Großburgwedel
bleiben, auf seiner alten Schule, bei seinen Freunden. Er hat
die Notwendigkeit eines Umzugs selbstverständlich überhaupt
nicht verstanden. Wir führten doch ein gutes Leben und ich
als seine Mutter hatte doch auch einen Job, und das sogar
direkt in Großburgwedel. Zu meiner großen Erleichterung
konnte ich ihm versprechen, dass sein Vater Torsten mit in die
Hauptstadt ziehen würde. Das war nicht nur dahingesagt, sondern tatsächlich Torstens Vorhaben. Als selbstständiger Immobilienmakler war und ist er relativ flexibel und bereits bevor
Christian überhaupt die Wahl zum Bundespräsidenten gewonnen hatte, sagte Torsten, dass er auf jeden Fall mit nach Berlin
kommen würde. Und tatsächlich fand Torsten dann auch nur
drei Straßen weiter von unserem Haus in der Pücklerstraße
eine Wohnung. Das hat es auch für Leander leichter gemacht.

Die Nähe und der regelmäßige Kontakt zu seinem Vater sind ihm sehr wichtig.

Ich bin wahnsinnig stolz auf Leander. Er hat das ganz toll gemacht, ab dem ersten Tag in Berlin. Er kam zum zweiten Halbjahr der zweiten Klasse in seine neue Grundschule. Leander ist ein sehr offener Junge, kommt schnell mit anderen Kindern in Kontakt und kann sich schnell in eine Gruppe integrieren. Dennoch haben ihm die ersten Tage und Wochen schwer zu schaffen gemacht. Es war einfach alles neu: neue Mitschüler, neue Lehrer, eine weitaus größere Schule und auch eine andere Art des Unterrichts. Trotz dieser Umstände hat sich Leander relativ schnell gut zurechtgefunden. Wahrscheinlich war es in diesem Zusammenhang auch von Vorteil, dass er mit Nachnamen »Körner« heißt, also meinen Mädchennamen trägt, und nicht »Wulff«. Ich kann mir gut vorstellen, dass dies den Umgang für die Mitschüler, aber auch für die Lehrer einfacher gemacht hat. Es stand dann eventuell nicht so stark im Vordergrund, dass Leanders Stiefvater das deutsche Staatsoberhaupt ist.

Allerdings sprach sich dies natürlich dennoch in Windeseile herum, auch unter den Eltern der Schüler, und die Reaktionen darauf waren teilweise wirklich sehr amüsant. Denn während die Kinder, Leanders Mitschüler, mit dieser Nachricht recht locker umgegangen sind und anfangs höchstens mal neugierig nachgefragt wurde: »Wie, dein Stiefvater ist der Bundespräsident? Wohnt ihr dann etwa in diesem großen Schloss?«, spalteten sich die Eltern sozusagen in zwei Lager. Zum einen waren da diejenigen, deren Kinder fragten: »Kann der Leander zum Spielen mal zu uns kommen?« oder »Darf ich mal zum Leander?«, und sich die Väter und Mütter daraufhin, wie sie mir später erzählten, stammelnd windeten. Sie wussten nicht, ob das so einfach geht, ob sie uns einfach mal anrufen und fragen können. Sie konnten. Es war mir wichtig, den Alltag meiner Kinder so normal wie möglich zu halten. Den Satz »Ich bin erst Mutter, dann First Lady«, mit dem ich in der Presse oft zitiert wurde, meinte ich genau so, wie ich ihn sagte. So stand zum Beispiel auch auf der Telefonliste von Linus' Kita eine Handynummer, bei der bestimmt einige Eltern dachten, dass es der Anschluss meines Büros sei. Doch es war meine private Nummer und ich erinnere mich noch gut an die gestotterten Sätze, wenn ich ans Telefon ging, mich mit »Wulff« meldete und daraufhin eine Mutter ganz überrascht sagte: »Ach, Sie sind das ja wirklich!«

Aber klar gab es unter den Eltern auch die anderen, die Gierigen, die Neugierigen. Leander hatte Verabredungen, da standen Mutter und Vater gemeinsam adrett gekleidet mit ihrem Jungen manchmal sogar eine halbe Stunde vor dem vereinbarten Termin vor unserer Tür in der Pücklerstraße. Ich fragte mich dann: »Müsste nicht wenigstens einer von den beiden arbeiten?«, während die sich sagten: »Schauen wir doch mal, wie die so wohnen.« Das fand ich schon zum Schmunzeln und wirklich verübeln kann ich es diesen Eltern auch nicht. Allerdings habe ich es zumeist so gehalten, dass sie im unteren, repräsentativen Teil der Villa blieben. Die Kinder konnten sich natürlich frei bewegen, im Garten und im ganzen Haus, auch in unserer oberen Wohnung. Aber gegenüber den Eltern wollte ich wenigstens dieses Minimum an Privatsphäre, das uns als Paar und Familie geblieben war, schützen.

Richtig enge Freundschaften hat Leander in der Zeit in Berlin dennoch nicht geschlossen. Ich glaube, er hat sich mit vielem einfach arrangiert, auch wenn es ihm nicht wirklich gefiel. Denn obwohl er regelmäßig Verabredungen mit anderen Jungs und Mädchen hatte, kam er doch häufiger von der Schule nach Hause und meckerte: »Das ist doof hier, ich will wieder zurück nach Großburgwedel.« Dann nagte das schlechte Gewissen an mir. War es das wirklich alles wert? Ich war ja selbst hin- und hergerissen zwischen den schönen, durchaus aufregenden Seiten des Lebens als Frau des Bundespräsidenten, aber eben auch den vielen Auflagen und Zwängen, die damit verbunden waren. Manchmal musste ich mich in solchen Momenten richtig überwinden, meinem Sohn Mut zuzusprechen. Wenn ich dann zu Leander sagte: »Warte ab, es wird schon. Es ist doch auch ganz schön hier«, kam ich mir wie eine schlechte Lügnerin vor. Denn ich konnte selbst nicht wirklich glauben, was ich da sagte.

Für Linus war es leichter. Mit seinen gut zweieinhalb Jahren war die neue Lebens- und Wohnsituation in Berlin vor allem eins: spannend! Plötzlich gab es da Polizisten mit »richtigen Pistolen und echten Handschellen«, wie mir Linus staunend erzählte. Einer davon saß in einem kleinen Wachhäuschen vor der Villa und registrierte über einen Bildschirm jeden Besucher, der sich näherte. Minutenlang konnte Linus mit großen Augen und offenem Mund vor dem Häuschen stehen und den Beamten beobachten. Und der fand das meistens lustig, diesen Knirps, der ihn anhimmelte und für den er in seiner Uniform so etwas wie ein Gott in Dunkelblau war. Zwar hatten unsere Vorgänger, das Ehepaar Köhler, auch Enkelkinder, aber die waren ja nicht tagtäglich vor Ort. Daher denke ich, dass es auch für die Polizeibeamten eine neue, schöne Erfahrung war, eine junge Familie im Haus zu erleben. Sie haben sich auch durchaus immer ein paar Minuten Zeit für Linus genommen. Wenn er an die Tür des Häuschens klopfte, machte der diensthabende Beamte auf und Linus durfte bei ihm auf dem Schoß sitzen, bekam manchmal ein Butterbrot ab und die Polizeikappe aufgesetzt, half mit stolzgeschwellter Brust, das Eingangstor für Besucher aufzuschließen, und gemeinsam schaute er dann mit dem Beamten auf den Bildschirm und kam sich furchtbar wichtig vor. Überhaupt haben diese Erlebnisse meinen kleinen Sohn äußerst schwer und nachhaltig beeindruckt. Fragen Erwachsene ihn nach seinem Berufswunsch, antwortet Linus auch jetzt noch prompt: »Ich will Polizist werden! Aber mit so richtigen Handschellen und einer Pistole.«

Für Leander waren die Sicherheitsvorkehrungen an der Pücklerstraße weniger spektakulär. Er hatte ja bereits bewusst den Umbau im und am Haus in Großburgwedel mitbekommen. Er hatte gesehen, wie die Mauer hochgezogen und die ganzen Kameras aufgestellt wurden. Und noch etwas wusste Leander mittlerweile: Dass es manchmal besser ist, den Mund zu halten, um sich von den Mitschülern keinen Dämpfer einzufangen. In Großburgwedel erzählte er einmal montags in der Schule, wie sein Stiefvater von einem großen schwarzen Auto mit Sicherheitsbeamten abgeholt wurde. Das kam bei den Mitschülern gar nicht gut an, wie mir die Lehrerin später berichtete. Da fielen bei den anderen Jungs Worte wie »Angeber« und Sätze von wegen »Stimmt doch gar nicht!«. Ich habe Leander danach erklärt, dass er lieber nicht alles erzählen sollte, was er im Zusammenhang mit seinem Stiefvater erlebt. Weil es für andere Kinder tatsächlich manchmal zu unwirklich klingen konnte. Weil Leander das erlebte, was für manch ein Kind ein großer Wunschtraum ist, und es dann einfach nur nervt und Neid hervorruft, wenn ein anderer ständig darüber erzählt, dass es bei ihm Wirklichkeit war. Ich meine, wie viele Jungen träumen davon, den Spielern der Fußballnationalmannschaft einmal die Hand zu schütteln, ihnen vielleicht sogar kurz ein paar Fragen stellen zu dürfen? Anlässlich der Überreichung des Silbernen Lorbeerblattes im Oktober 2010 im Schloss Bellevue, als mein Mann das DFB-Team für seine Leistungen bei der Weltmeisterschaft in Südafrika ehrte, erfüllte sich für Leander dieser Traum. Das Foto, wie er Mesut Özil und Bastian Schweinsteiger trifft, hängt in seinem Zimmer und ich weiß, wie stolz er darauf ist. Oder aber als Papst Benedikt XVI. im September 2011 im Rahmen seines Deutschlandbesuches im Schloss Bellevue war – da hat Leander später für die Schülerzeitung einen kleinen Text geschrieben. Ganz bewusst war dies zuvor mit der Lehrerin abgesprochen worden. Damit es eben keine komischen Reaktionen von Mitschülern, aber auch anderen Eltern gibt von wegen »Jetzt müssen die noch zeigen, wen sie alles treffen«.

Ich denke schon, dass es für meinen Sohn Leander nicht immer leicht war, die Erlebnisse und Gegebenheiten in Berlin einzuordnen. Plötzlich durfte er nicht mehr alleine zur Schule gehen, sondern wurde in Begleitung von BKA-Beamten morgens hingebracht und mittags abgeholt. Dies war eine reine Vorsichtsmaßnahme, um Entführungen auszuschließen. Und so galt dies auch für Linus. Zwar hatte ich nie konkrete Angst, dass meine Söhne entführt werden könnten, doch als Mutter ist es schon ein merkwürdiges Gefühl, überhaupt daran denken zu müssen, dass die eigenen Kinder zum Objekt einer Erpressung werden könnten. Da tauchten im Kopfkino plötzlich Horrorgeschichten von Kindesentführungen auf, die ich lieber ganz schnell beiseitegeschoben habe.

Auch wer zu uns wie selbstverständlich in die Pücklerstraße zu Besuch kam, irritierte Leander durchaus. So waren dies zum Beispiel zu einem Abendessen Guido Westerwelle und sein Lebenspartner Michael Mronz. Natürlich hatte Leander Guido Westerwelle als Außenminister zuvor in der Zeitung und im Fernsehen gesehen, aber als er dann vor ihm stand, merkte ich bei Leander die Verunsicherung. Im Fall von Guido Westerwelle war das für mich amüsant zu beobachten, denn ich ahnte den Grund. So hatte ich Leander zuvor erzählt, dass die beiden, Westerwelle und Mronz, ein Paar seien, sogar verheiratet sind, genauso wie Christian und ich. Da war Leander baff und sprachlos. Ich sah, wie es in ihm arbeitete. Und in diesem Moment, als Guido Westerwelle dann völlig locker und in keiner Weise arrogant oder zugeknöpft vor ihm stand, scherzte und lachte, sah ich Leanders neugierige, musternde Blicke. Am nächsten Tag sagte Leander zu mir: »Mama, die tragen ja sogar Eheringe. Das ist ja komisch.« Ich glaube, darüber wundert er sich noch heute.

Umso stolzer bin ich auf Leander, wie er in seinem jungen Alter schon diesen schmalen Grat gemeistert und abgewogen hat, wem und wann er was von dem Erlebten in Berlin erzählen kann und wann besser nicht. Dabei ist das doch schon fast paradox, als Kind über schöne Erfahrungen nicht mit Freunden sprechen zu dürfen, weil man befürchten muss, zum Außenseiter zu werden. Manchmal mache ich mir Sorgen, inwiefern dieses sich-beherrschen-und-kontrollieren-müssen Spuren hinterlassen und was bei den Jungs von allem in Erinnerung bleiben wird. Wie sie die Erlebnisse verarbeiten werden. Zum einen die zahlreichen, durchaus sehr positiven und tollen Ereignisse. Aber eben auch die Begegnungen und Geschehnisse gerade in den letzten Wochen des Jahres 2011, als die Probleme richtig begannen, bis zu den ersten Wochen im Jahr 2012 und zum Rücktritt.

Wenn Leander und Linus junge Erwachsene sind, was werden sie dann in der Retroperspektive über das Erfahrene denken? Wird sich Linus überhaupt tatsächlich auch in zehn Jahren noch an all die Fotografen und Journalisten erinnern, die sich hier vor unserem Haus in Großburgwedel positioniert haben, in den Tagen nach dem Rücktritt meines Mannes? Leander, denke ich, auf alle Fälle. Dafür hat er zu bewusst all das verfolgt und zu intensiv nachgehakt. Ständig hat er mich gefragt: »Was ist hier los? Warum sind wir andauernd in den Nachrichten? Warum steht so oft etwas über uns in der Zeitung? Haben wir etwas angestellt?« Die wichtigste Frage aber war für ihn: »Mama, habt ihr gelogen?« Damit bezog er sich auf die Berichte über den Kredit für das Haus in Großburgwedel. Auch wenn Leander ganz gewiss nicht alles verstanden hat, was dazu in den Zeitungen geschrieben wurde, so kam er für sich selbst doch zu einer ganz wesentlichen Kernaussage: Es kann sein, dass wir aus dem Haus ausziehen müssen! Das war seine größte Angst und es war für mich schrecklich zu spüren, wie sehr ihn diese Sorge beschäftigte.

Mit acht, neun Jahren ist ein Kind so wach und reflektiert in seinen Gedanken, nimmt so viele Dinge auf seine eigene Art und Weise ganz bewusst wahr und deutet sie, zieht für sich daraus Schlüsse – ich denke wirklich, das unterschätzen etliche von uns Erwachsenen. Leander haben diese ganzen Anschuldigungen, dass sein Stiefvater von anderen Politikern und in der Presse zum Beispiel als Lügner bezeichnet wurde, zutiefst getroffen. Schließlich hatte ich ihn doch dazu erzogen, dass es immer besser ist, die Wahrheit zu sagen. Meinem Sohn Leander die Umstände zu erklären, da bin ich wirklich an meine Grenzen gekommen. Es war nicht leicht, meine eigenen Emotionen im Zaun zu halten, nicht verbittert, nicht zynisch und abwertend zu klingen, sondern ihm mit ruhiger Stimme zu sagen, dass daran nichts Falsches ist, dass wir dieses Haus haben, und dass wir gewiss nicht ausziehen müssen.

Was ich mich auch manchmal frage: Wie werden später andere Erwachsene darauf reagieren, wenn Linus und Leander sagen, dass sie der Sohn beziehungsweise der Stiefsohn von Christian Wulff sind? Werden dann abfällige Kommentare folgen? Wird es nervende Fragen geben von wegen »Ey, sag doch mal, wie war das denn damals mit eurem Haus?«. Werden sie ganz neutral eine Chance bekommen? So pathetisch es klingt: Ich wünsche es ihnen von ganzem Herzen. Meine Kinder sind mein Leben, sie können am wenigsten etwas für das Geschehene und darum hoffe ich, dass man sie auch im Nachhinein nicht zur Rechenschaft zieht.

Linus dämmerte es gut zwei Wochen nach Christians Rücktritt, Anfang März 2012, dass das Leben in Berlin vorbei ist. Als
er abends im Bett lag, fragte er mich mit einer Mischung aus
Besorgnis und Neugierde: »Mama, was ist denn jetzt mit den
Polizisten? Was machen die? Wo sind die jetzt?« Natürlich, der
Kleine machte sich um so ganz andere Dinge Sorgen. Ihm ging
es um seine Helden in Dunkelblau, die Polizisten mit richtigen
Handschellen und echten Pistolen. Sein ernster Blick, als Linus
mir die Fragen stellte, brachte mich zum Lachen. Ich sagte ihm,
dass es den Polizisten bestimmt gut gehe und sie weiter in Berlin
in ihrem Häuschen sitzen und dort arbeiten. Dann fragte Linus,
was mit dem großen Haus sei, in dem wir gewohnt hatten. Und
bevor ich mir eine Antwort überlegen konnte, sagte er selbst:
»Ach, das Haus gehört ja Deutschland. Da ziehen jetzt andere ein, oder?« Keine Ahnung, wie er auf diese Idee kam. Aber
für ihn war das eine einleuchtende Erklärung und er kuschelte
sich zufrieden in seine Bettdecke. Ich beneidete ihn in diesem
Moment um seine kindliche Selbstverständlichkeit, die Dinge
pragmatisch zu sehen und einfach abzuhaken.

Leander wird dafür sicher länger benötigen. Er ist unglaublich
froh, wieder zurück in Großburgwedel zu sein. Es war und ist
einfach sein Zuhause. Er geht wieder auf seine alte Schule, ist
wieder in seiner alten Klasse, bei seiner alten Klassenlehrerin
und das Wichtigste: Leander ist wieder mit seinen besten Freunden zusammen. In Berlin hatte er zwar auch Verabredungen mit
tollen Mitschülerinnen und Mitschülern, aber echte Freundschaften haben sich daraus leider nicht entwickelt. Ich denke,
es lag einfach auch an der gesamten, doch unnatürlichen Situ-

ation. Auch Torsten, Leanders Vater, ist wieder nach Hannover gezogen. Ich kann gar nicht sagen, wie klasse ich das finde, dass er so für seinen Sohn da ist und sich um sein Wohl sorgt.

Etwa drei Wochen nach Christians Rücktritt, als sich endlich der Auflauf von Fotografen und Journalisten vor unserem Haus verringerte und auch die Sicherheitsbeamten des BKA und die örtliche Polizei sich stärker zurückgezogen hatte, merkte ich, dass Leander begann, sich zu entspannen. Er bewegt sich jetzt wieder ganz frei und natürlich. Dennoch ist er stiller als früher, introvertierter und fragt mich und meinen Mann seitdem so gut wie nichts über unsere neuen Arbeitsperspektiven. Er weiß, denke ich, sehr genau, dass es ein großer Einschnitt in unserem Leben ist und wir uns neu orientieren müssen. Ich weiß, dass er Ängste hat, Zukunftsängste, doch mir fehlt derzeit die Kraft, ihm vielleicht Antworten zu geben auf Fragen, die er sich stellt. Ich weiß nicht, wie genau die Zukunft aussieht. Ich weiß aber, dass ich für meine Kinder da sein und selbstverständlich wieder arbeiten werde. Und: Mir ist es wichtig, das Haus in Großburgwedel zu halten. Es ist unser Zuhause.

Und noch etwas: Ich denke, jeder Medienwissenschaftler hätte seine Freude daran zu beobachten und zu analysieren, wie sich Leanders Sichtweise auf die mediale Berichterstattung verändert hat. Mit welcher Skepsis er jetzt in einer Zeitung blättert. Lange ist er davon ausgegangen, wie es eben leider auch etliche Erwachsene tun, dass alles, was er in einer Zeitung liest oder in den Fernsehnachrichten hört, die Wahrheit ist. Seitdem ich ihm erklärt habe, dass aber manchmal vielleicht nur ein Teil von dem stimmt, manchmal sogar alles falsche Behauptungen sind, ist er nachdenklich geworden. Als gegen Ende April, an einem Montag, bei uns tatsächlich einmal wieder die *Bild*-Zeitung auf dem Tisch lag, Leander im Sportteil blätterte und dort stand, dass Sebastian Vettel das Formel-1-Rennen in Bahrain gewonnen hatte, sagte er zu mir: »Sag mal, Mama, das stimmt doch aber jetzt: Der Sebastian Vettel hat doch wirklich gewonnen, oder?« Da habe ich laut lachen müssen, habe genickt und gesagt: »Ja, das stimmt.«

Aber: Eine gesunde Skepsis gegenüber der Presse zu haben und vielleicht auch gegenüber denen, die für sie arbeiten, ist vielleicht ganz gut. Denn manchmal spuken in den Köpfen von Journalisten die abenteuerlichsten und unschönsten Geschichten herum …

12 Die Vorwürfe

Unser Haus, unsere Urlaube, unsere Freunde. Mein Auto, meine Kleider, mein Studium. Viel ist darüber geschrieben worden und irgendwann gab es meiner Meinung nach – und zum Glück übrigens auch tatsächlich nach Meinung einiger Journalisten – kein Halten mehr. Die Grenzen der Privatsphäre wurden mehrfach weit überschritten. So werde ich mich auch nicht rechtfertigen und es auch nicht versuchen. Denn dazu sehe ich keine Veranlassung. Ich werde und will mich mit diesem Buch auch nicht als Heilige oder Mutter Teresa hinstellen, aber ebenso wenig werde ich mich als Lügnerin oder Verbrecherin darstellen lassen, wie es in der Berichterstattung der meisten Medien teilweise geschah. Auch werde ich mich nicht äußern zu Anschuldigungen, die in keiner Weise mit meiner Person etwas zu tun hatten, zum Beispiel die Vorwürfe gegen den einstigen Sprecher meines Mannes. Ebenso zu einer möglichen Finanzierung von Anzeigenkampagnen zu einem Buch meines Mannes werde ich nichts sagen. Und dies etwa nicht, weil ich befürchte, sonst womöglich Schuld auf mich zu laden oder dadurch in Rechtfertigungszwang zu geraten, sondern ganz einfach aus dem Grund, weil es mich nicht betrifft. Punkt. Ich habe damit nichts zu tun. Punkt. Wobei dies im Grunde der Haken war und ist: Mein Mann und ich, wir als Ehepaar Wulff, wurden gerne, als es um die lange Liste der möglichen Vergehen ging, von den Medien über einen Kamm geschoren.

Für mich begann, andere würde sagen der Anfang vom Ende, etwa Mitte Oktober 2011. Der Verkäufer unseres Hauses in Großburgwedel rief mich auf dem Handy an und erzählte mir, dass sich die *Bild*-Zeitung bei ihm gemeldet und Fragen gestellt habe, zum Verkauf des Hauses. Sogar von konkreten Korruptionshinweisen sei die Rede gewesen. Er habe daraufhin gegenüber den Journalisten erklärt, dass für ihn alles mit rechten Dingen abgelaufen sei, wir gemeinsam beim Notar waren, es einen Kaufvertrag mit uns gebe und das Geld rechtzeitig auf seinem Konto war. Aber genauso wie ich war er über die Vorgehensweise der Reporter arg verwundert, mit welcher Vehemenz sie ihn aufgespürt hatten. So lebt dieser Mann, ein über Jahre erfolgreicher aber bescheiden gebliebener Geschäftsmann, mittlerweile im Ausland. Die *Bild*-Zeitung suchte den Weg über den Sohn des Mannes, der schließlich den Kontakt zu seinem Vater herausgab.

Als das Telefonat beendet war, ahnte ich nicht, dass dies erst der Beginn einer nahezu unendlichen Geschichte sein würde. Ich selbst dachte nach diesem Telefonat über die Finanzierung unseres Hauses nach und somit an das Ehepaar Geerkens. Egon Geerkens und Christian kennen sich aus Osnabrücker Zeiten. Egon, Jahrgang 1944, war bereits mit Christians Vater Rudolf eng befreundet und ist so seit Christians Schulzeiten ein väterlicher Freund für ihn. Er ist Ratgeber und Ansprechpartner in beruflichen, aber auch in privaten Belangen. Es gibt da eine ganz enge, vertraute Verbindung zwischen den beiden, und so war Egon bei unserer Hochzeit einer unserer beiden Trauzeugen.

Ich habe Egon Geerkens als sehr freundlichen, warmherzigen und überaus hilfsbereiten Menschen kennengelernt. So unterstützte er uns 2008 sehr bei der Suche nach einer geeigneten Immobilie, kam sogar mehrmals extra aus der Schweiz, wo er mit seiner Familie lebt, angereist. Er beriet uns bei den Sanierungsmaßnahmen und den Gesprächen zum Kaufpreis. Da er selbst viele Immobilien besaß, kennt er sich gut aus, was den möglichen Wert eines Hauses betrifft.

Christian konnte und kann mit Egon über alles reden und daher kam schließlich auch das Thema unserer Hausfinanzierung zur Sprache. Es war Fakt, dass Christian und ich das Geld, die 415 000 Euro für den Kauf plus das notwendige Budget für Renovierung und etwa die Grunderwerbsteuer nicht hatten. Als wir besprachen, dass wir daher bei einer Bank einen Kredit aufnehmen wollten, bot uns seine Frau Edith ein Privatdarlehen an. Sie suchte damals in der Bankenkrise 2008 ohnehin nach weiteren Anlagemöglichkeiten und äußerte etwa: »Aufgrund der Krise sind die Zinsen nicht überzeugend. Dann leihe ich es doch guten Freunden, wo der Zinssatz nahezu derselbe ist.«

Zunächst fand ich diese Aussage schlicht merkwürdig und dies aufgrund der Tatsache, dass 500 000 Euro, der Betrag, um den es ging, eine für mich unvorstellbare Summe waren und ich noch nie so viel Geld besessen hatte. Und dann kam der Aspekt hinzu, dass sie uns anbot, eine derart hohe Geldmenge zu leihen. Aber Christian und ich waren dankbar für diese Möglichkeit.

Ich kann es sogar verstehen, dass Außenstehende nach Bekanntwerden des Privatkredits nur ungläubig den Kopf schüttelten und sich nicht vorstellen konnten, dass jemand tatsächlich aus purer Freundschaft einem anderen so viel Geld leiht.

Mein Mann und Egon machten sich sehr viele Gedanken über diese Kreditvergabe. Alles wurde schriftlich festgehalten, der Zinssatz von vier Prozent und die sich daraus ergebende Summe von fast 1700 Euro, die wir monatlich an Edith Geerkens zahlten. Ebenso die Laufzeit von fünf Jahren und die mündliche Zusage, dass das Darlehen auch früher ablösbar wäre, zum Beispiel dann, wenn wir als Schuldner anderswo günstiger einen Kredit bekommen würden. Egon hat zwar die Verhandlungen wesentlich mit meinem Mann geführt, aber das Geld stammte von Ediths Konto und dorthin gingen auch die Zinsen und später die Ablösung des Kredits.

Daher habe ich ein großes Problem damit, dass es so hingestellt wird, als hätten wir etwas getan, das unlauter und verpönt, ja gar verboten ist. Zum einen haben wir uns die 500 00 Euro nicht schenken lassen und damit schließe ich einen Zinssatz von vier Prozent ein, zum anderen war es keine Lüge, als Christian im Februar 2010 im niedersächsischen Landtag gefragt wurde, ob er geschäftliche Beziehungen zu Egon Geerkens oder einer Firma mit seiner Beteiligung habe und dies verneinte. Zugegebenermaßen, und dies räumte mein Mann später ja auch ein, wäre es besser gewesen, über diese konkrete Frage hinaus den privaten Vertrag mit Edith zu erwähnen. Da er dies unterlassen hat, ist später ein falscher Eindruck entstanden und es ist schwer, diesen im Nachhinein auszuräumen.

Schon vor der Anfrage aus dem Landtag bestand zur Baden-Württembergischen Landesbank, der BW-Bank, auf Empfehlung von Egon ein Kontakt. Christian hatte bereits im Herbst 2009 erste Gespräche mit einem Berater des Geldinstituts geführt. Die

Sollzinsen waren nach der Finanzmarktkrise recht günstig, und so entschieden wir uns, das Darlehen durch einen Kredit bei der Bank abzulösen. Gutachter der BW-Bank schätzten den Wert unseres Eigenheims und die Bank unterbreitete uns ein attraktives Angebot. Die Zinsen für das Darlehen waren variabel und immer nur für drei Monate gesichert. Der Zinssatz richtete sich nach dem Kurs, zu dem Banken am Markt Geld leihen können. Das waren gute Konditionen. Die Bank hatte uns, wie sie später auf Anfragen seitens der Presse erwähnte, als »gehobene Privatkunden« eingestuft. Dies aufgrund der wirtschaftlichen Verhältnisse sowie unserer »persönlicher und wirtschaftlicher Entwicklungsmöglichkeiten« als Doppelverdiener und im Übrigen schuldenfrei. Natürlich haben wir uns darüber gefreut und genauso natürlich haben wir auch nicht gesagt: »Aber das geht doch nicht, schrauben Sie die Zinsen lieber mal ein wenig höher!«

Ich weiß nicht, was es ist. Ist es Neid? Ist es Hass? Ist es pure Böswilligkeit? Jedenfalls haben mich die Strafanzeigen, die nach Bekanntgabe der Kredit-Konditionen bei der Staatsanwaltschaft Stuttgart eingingen und sich gegen meinen Mann sowie die Bank richteten, verärgert. Als die Staatsanwaltschaft Stuttgart daraufhin prüfte, ob die BW-Bank uns eine Finanzierung zu Vorzugskonditionen eingeräumt habe und auch das Geldinstitut selbst intern und in den Aufsichtsgremien mehrfach den Vorgang kontrollierte, hatte ich weder Angst noch war ich verunsichert. Ich weiß gar nicht, was die Leute da von uns erwartet hatten? Dass wir so einen Vertrag ablehnen? Aber warum? Ich habe auch darüber nachgedacht, inwiefern vielleicht der Glaube bestand, wir hätten eine eventuelle Vorzugsbehandlung eingefordert? Nein, haben wir nicht und haben wir auch nicht bekommen, wie ja schließlich auch die Erklärung durch die Staatsanwälte Mitte Januar 2012 bekräftigte. Bereits ein Anfangsverdacht in Bezug auf den Vorwurf der Vorteilsgewährung oder Vorteilsannahme bestand nicht. Und auch die Prüfung der Bank-Aufsichtsgremien ergab, dass wir das Darlehen zu durchaus banküblichen Zinsen erhalten hatten. Diesen Kredit wandelten wir übrigens, da wir mittelfristig von steigenden Zinsen ausgingen, Ende 2011 bei der BW-Bank in ein Hypothekenbankdarlehen mit einem fest vereinbarten Sollzinssatz für 15 Jahre um.

Bei all den Vorwürfen und Debatten rund um die Finanzierung unseres Hauses tut es mir besonders leid, dass auch Egon und Edith seitens der Presse mitunter massiv mit Interviewanfragen konfrontiert wurden. Die beiden sind Privatpersonen mit einer Privatsphäre und suchen in keiner Weise die Öffentlichkeit. Sie wollten helfen und sind dafür teilweise böswilligen Verdächtigungen und Verleumdungen ausgesetzt worden. Umso mehr bin ich sehr froh, dass dies unsere Freundschaft nicht zerstört hat.

Apropos: Ich kann und möchte über die Freundschaften meines Mannes nicht viel sagen. Die meisten Kontakte, beispielsweise auch die zu Carsten Maschmeyer, Veronica Ferres und David Groenewold hatte Christian bereits, als wir uns noch gar nicht kannten. So gesehen nervte mich auch die permanente Unterstellung seitens der Medien, ich hätte meinen Mann zu einem Leben im Luxus gedrängt und sich dies unter anderem eben auf die freundschaftliche Beziehung zum Filmproduzenten David Groenewold bezog.

Christian und David lernten sich 2003 kennen. Ich weiß, dass Christian die Lockerheit und extrovertierte Art von David schätzte. David ist einfach ein ganz anderer Typ als Christian. Die beiden standen in regelmäßigem Kontakt und als ich David gegen Ende 2006 das erste Mal traf, war auch ich von seiner unkomplizierten Art und mitreißenden Offenheit begeistert. Wir haben uns immer mal wieder mit ihm und seiner damaligen Freundin getroffen.

David wusste so auch um meine enge Verbindung zur Insel Sylt, dass ich dort bereits als kleines Mädchen mit meinen Eltern und meinem Bruder die Sommerurlaube verbracht hatte. Als David im Herbst 2007 über seine Kreditkartenfirma ein spezielles Angebot inklusive Hotelvoucher für ein Wochenende auf Sylt erhalten hatte, fragt er, ob Christian und ich nicht Lust hätten, ein gemeinsames Wochenende mit seiner Freundin und ihm auf Sylt zu verbringen. Wir suchten uns hierzu das Wochenende nach meinem Geburtstag aus, vom 31. Oktober bis 3. November 2007, und planten einen dreitägigen Aufenthalt im »Hotel Stadt Hamburg«. Die Kosten für die Übernachtung wurden zunächst von David über die Kreditkartenfirma beglichen. Wir haben sie ihm dann auf Sylt gegeben, als wir die Nebenkosten bezahlt haben. Auch ein Apartment für einen einwöchigen Sylt-Urlaub im August 2008 buchte David für uns. Es war nun einmal so: Wenn Christian oder auch ich irgendwo anriefen und ein Hotelzimmer reservierten, konnten wir fast zwangsläufig davon ausgehen, dass am Anreisetag nicht nur wir vor Ort waren, sondern auch ein paar Journalisten und Fotografen. Wenn David aber die Zimmer buchte, so reservierte er im »Hotel Stadt Hamburg« zum Beispiel ein Doppelzimmer auf den Namen »Groenewold« und das zweite auf den Namen seiner Freundin, und bis zur Ankunft ahnte keiner, dass der niedersächsische Ministerpräsident vorbeischauen würde.

Ich weiß nicht, warum es für so ungläubiges Erstaunen sorgte, dass mein Mann und ich dann David die Kosten – einmal rund 750 Euro, einmal rund 1500 Euro – in bar erstatteten und dies sogar gleich noch auf Sylt selbst. Wobei er den zweiten Aufenthalt, den im Sommer 2008, auch gar nicht vorstreckte. Da gaben wir ihm die Summe gleich zu Beginn des Aufenthalts in bar und er hat sie nachweislich der Eigentümerin des Apartments unmittelbar weitergegeben. Anfang Februar 2012, als die Zweifel daran aufkamen und uns erneut der Vorwurf der Vorteilsnahme gemacht und David und Christian eine Vermischung privater und wirtschaftlicher Interessen vorgehalten wurde, ging es um eine Bürgschaftszusage des Landes Niedersachsen im Jahr 2006 für eine Filmgesellschaft, an der David beteiligt war – da war das Kind schon ziemlich tief in den Brunnen gefallen. Christian war an der Landesbürgschaft nicht beteiligt und sie wurde auch nicht wirksam. Unglaublich fand ich es, dass ich und mein Mann quasi gezwungen wurden, uns zu rechtfertigen beziehungsweise zu erklären, woher wir überhaupt Bargeld hatten.

Denn: Sowohl im Oktober 2007, zu meinem Geburtstag, wie auch zu Weihnachten 2007 schenkten mir meine Eltern eine höhere Bargeldsumme. Bereits seit Jahren erhalten mein Bruder und ich gerade zum Geburtstag, aber auch zu Weihnachten von meinen Eltern ab und an Geldgeschenke. Meine

Eltern betonen dabei, dass sie selbst genug zum Leben haben und es ihnen auch nicht wichtig ist, darüber hinaus mehr zu besitzen. Sie möchten ihre Kinder glücklich wissen, sie möchten, dass wir besondere Momente erleben und genießen, und so legen sie zum Beispiel großen Wert darauf, dass das Geld nicht einfach in unserer Haushaltskasse verschwindet und wir damit die nächsten Lebensmitteleinkäufe finanzieren. Auch sollen damit keine finanziellen Defizite ausgeglichen werden. Meine Eltern sagen immer: »Gönnt euch etwas Schönes von dem Geld.« Ich lege das Geld für mich zur Seite. Wenn ich es auf das Konto packen würde, wäre es höchstwahrscheinlich viel zu schnell verschwunden beziehungsweise würde es sich mit den anderen Euros vermischen und etwas von seiner Besonderheit verlieren. Stattdessen warte ich, bis sich eine Gelegenheit ergibt, über die ich mich freue, die für mich etwas Außergewöhnliches ist und nehme dann das Geld dafür her. Dass zwischen dem Tag des Schenkens und dem Tag des Ausgebens manchmal Monate liegen, finde ich nicht ungewöhnlich. Vielmehr finde ich es auch ein beruhigendes Gefühl zu wissen, eine gewisse Summe an Bargeld im Haus zu haben. Dass auch mein Mann stets Bargeld im Haus hat, versteht sich von selbst.

Ich frage mich im Nachhinein, ob es besser gewesen wäre manche Dinge anders zu kommunizieren. Statt peu à peu auf die Vorwürfe zu reagieren, wäre es vielleicht sinnvoller gewesen, sich einmal umfassend zu erklären. Dies gilt auch für das Thema »Urlaub bei Freunden«. Von außen betrachtet waren derartige Aufenthalte so wie im Juli 2010 in der Villa von Carsten Maschmeyer auf Mallorca sicher unglücklich. Besser wäre es wohl gewesen, den Reisekatalog zu wälzen und eine Unterkunft anderer Art zu wählen. Doch ohne dass ich mich rechtfertigen will, möchte ich erklären: Mein Mann und ich waren zu dieser Zeit körperlich am Ende. Die Wahl zum Bundespräsidenten und die Monate davor mit der Kandidatur waren extrem anstrengend. Es ging in dieser Zeit um nix anderes als Berlin, Berlin. So wollten wir im Juli 2010 einfach nur weg, und das schnell und unkompliziert. Christian hatte bereits im Mai 2010 den Aufenthalt bei Carsten in einem Apartment in dessen Villa auf Mallorca gebucht. Im Nachhinein räumt aber auch Christian ein, dass dies, der Urlaub bei Carsten, ein Fehler war und er sich über die Konsequenzen nicht genug Gedanken gemacht hatte. Dabei haben wir für den 11-tägigen Urlaub rund 4000 Euro bezahlt.

Es ist doch verrückt: Wenn ich bei meiner Freundin Stephanie in Herford auf dem Sofa übernachte, kräht danach kein Hahn. Aber als wir 2009 in dem Haus der Geerkens in Miami übernachteten, sorgte dies im Nachhinein für Wirbel. Sofort stand die Unterstellung der Vermischung privater mit geschäftlichen Interessen im Raum. Aber ist es denn nicht so, dass man Freunde aus der Zeit vor der Politik behalten darf und, dass, wenn man sich wie Christian bereits seit Jahrzehnten in einem gewissen politischen Umfeld bewegt, sich da neue persönliche Freundschaften bilden können? Dies sowohl zu Großindustriellen und Unternehmern, aber auch zu Blumenhändlern, Bäckern und Lehrern, weil man als Ministerpräsident durch das Bundesland tourt und auf die verschiedensten Menschen trifft.

Ebenso schwierig ist die Kontrolle eigentlich zwangsläufiger und nahezu menschlicher Reaktionen. Lehnt man zum Beispiel dankend ab, wenn man, wie wir am 20. Dezember 2009, am Check-in auf dem Flughafen steht, kurz vor einem gut neunstündigen Flug von Düsseldorf nach Miami, am Hosenbein zupfend ein quengelndes Kleinkind, und eröffnet bekommt, dass es statt wie gebucht in der Economyclass noch freie Plätze in der Businessclass gebe und man diese nutzen könne? Sagt man da etwa Nein? Vielleicht hätten wir es tun sollen. Es stimmt, dass ich mich mit dem ehemaligen Air-Berlin-Chef auf dessen Geburtstagsparty im September 2009 über unseren geplanten Urlaub in Miami unterhalten habe. Auch auf einer Veranstaltung Anfang Dezember 2009, bei der Christian und ich den damaligen Air-Berlin-Chef trafen, kam der Urlaub erneut zur Sprache. Wie man dies halt so tut von wegen »Na, was machen Sie denn über Weihnachten?«. Ich wusste aber nicht, dass der Air-Berlin-Chef daraufhin für uns ein Upgrade veranlasste. Als die Debatte im niedersächsischen Landtag dazu aufkam, hat Christian das Upgrade bezahlt.

Jeden Tag die Zeitung aufzuschlagen, das Radio oder den Fernseher anzuschalten und dort irgendetwas Negatives über sich zu lesen und zu hören, das zehrte mächtig an den Nerven. Denn irgendwann gab es ja kein Halten mehr. So kam denn auch die Anschuldigung auf, ich habe ein Auto, einen Audi Q3, angeblich schon gefahren, bevor das Modell auf dem Markt war, und dies auch noch kostenlos. Als ich davon las, habe ich wirklich nach Luft geschnappt. Ganz ähnlich wie bei den Gerüchten zu meiner vermeintlichen Vergangenheit im Rotlichtmilieu, dazu im nächsten Kapitel Ausführlicheres, dachte ich nur: »Warum machen die das? Was soll das?« Das Fatale ist ja wirklich, wenn einmal etwas in der Zeitung stand, ist es schwer, das Behauptete aus den Köpfen der Menschen wieder herauszubekommen. Zumal die Berichte über angebliche Vergehen in der Regel immer sehr viel mehr Raum bekommen als später die Gegendarstellungen. So etwas drucken die Zeitungen natürlich nicht gerne ab. Ich fand es nahezu absurd und auch anstrengend, dass ich für die Wahrheit vor Gericht ziehen musste. Aber es war für mich eine Unverschämtheit, dass erneut Unwahrheiten über mich verbreitet wurden. So wie es auch in einem Schreiben unseres Anwalts hieß, werfe ich den Zeitungen in puncto Audi Q3 eine »gezielte Falschberichterstattung« vor. Ich habe im Sommer 2011 keinen Audi Q3 gefahren, sondern einen Skoda Yeti. Den Audi fuhr ich ab dem 22. Dezember 2011 bis zum 23. Januar 2012, und dies zu den marktüblichen Konditionen, wie auch seitens der Audi-Zentrale in Ingolstadt erklärt wurde. Dass ich den Wagen dann am 23. Januar 2012 zurückgegeben habe, liegt schlicht und einfach daran, dass ich weder die Lust, noch die Nerven hatte, mich weiteren Anschuldigungen zu möglichen Vergehen auszusetzen.

Auch wenn darüber eben schließlich kaum etwas zu lesen war und die Vorwürfe bezüglich des Audi Q3 in den Köpfen vieler Menschen wohl weiter herumgeistern, tat es meinem Seelenheil und meinem Ego gut, vom Gericht und der Staatsanwaltschaft Recht zugesprochen zu bekommen.

Es war schon ein sehr seltsames, auch bedrückendes Gefühl, von Menschen, die man nicht kennt, die man noch nie gesehen hat, mit denen man noch nie ein Wort gesprochen hat, derart mit Vorwürfen konfrontiert zu werden und zu wissen, dass sie einen als, sagen wir, Betrügerin ansehen. Dass sie einem Habgier, ja sogar Heimtücke unterstellen. Warum ist das geschehen? Aus Böswilligkeit? Es hat mich regelrecht angewidert. Auch weil da Themen auf den Tisch kamen, bei denen ich mich fragte, ob es wirklich nichts Wichtigeres gab, worüber man berichten sollte. Scheinbar gab es das nicht, und so mussten die Kleider, die ich bei offiziellen Anlässen getragen habe, für weitere Anschuldigungen herhalten. Es stimmt, dass ich mehrmals Outfits deutscher Modehersteller als Leihgabe erhalten habe. Einige wenige Kleider wurden auch kostenlos zur Verfügung gestellt. Diesen geldwerten Vorteil aber haben wir in unserer Steuererklärung angegeben. Leihgebühren für Kleider rechneten wir über die Aufwandspauschale meines Mannes ab. Es gibt eine detaillierte Liste, welches Kleid ich geliehen habe und wie viele ich gekauft habe. Es stimmt aber nicht, dass ich Kleidung geschenkt bekam.

Mich hat es in erster Linie geschockt, dass so ein Thema derart breitgetreten wird. Auch zeigt meiner Meinung nach gerade die Debatte über meine Kleidung, dass man es einfach keinem recht machen kann. Ich weiß, dass Angela Merkel es ablehnt, sich mit Leihgaben deutscher Modehersteller einzukleiden. Ich muss zugeben, dass das die weniger kontroverse Variante ist.

Dafür muss sie immer wieder Häme einstecken, wenn es um ihre Outfits geht. Wenn ich bei irgendwelchen offiziellen Anlässen nicht immer top gestylt aufgetaucht wäre, hätte mich die Presse dafür auch zerrissen. Interessant, und dies nur am Rande bemerkt, finde ich übrigens, und dies meine ich in keiner Weise persönlich, dass weder bei meiner Vorgängerin noch bei meiner Nachfolgerin derart über die Kleidung diskutiert wurde, wie es bei mir der Fall war. Auch empfinde ich es als typisch »deutsch«, dieses Thema so breitzutreten, und verweise da gerne einmal auf die Handhabung im Ausland. Wenn da eine Carla Bruni an der Seite ihres Mannes Nicolas Sarkozy, dem einstigen Staatspräsidenten Frankreichs, in einer Robe von Yves Saint Laurent oder Dior zu einem Staatsbankett erschien und damit zeigte, was für hochkarätige Designer es in ihrem Land gibt, sorgte dies in der landesweiten Presse eher für Beifall als für Missmut und Recherche.

Für mich am schlimmsten war neben der Tatsache, plötzlich fast als empfundene Kleinkriminelle und Schnorrerin abgestempelt zu sein, dass einem die Worte im Mund umgedreht wurden und man teilweise gar keine Chance hatte, Dinge richtigzustellen. Es wurde und wird nur das wahrgenommen, was man lesen wollte und oder meinte, als Journalist ja sowieso schon zu wissen. Ein gutes Beispiel ist dabei für mich die Diskussion über mein Studium. Gewiss: Ich war keine dieser glanzvollen Studentinnen, die einen Schein nach dem anderen einheimsten, und das mit links. Der Druck war extrem hoch und ich fühlte mich total überfordert. Mehrmals fragte ich mich, ob ich das falsche Studienfach gewählt hatte und nicht doch besser den

Weg zur Pastorin hätte einschlagen sollen, kein Witz. Theologie zu studieren und als Pastorin einer Gemeinde vorzustehen, das war einmal mein eigentlicher Traum. Denn ich habe Kirche als Kind und Jugendliche sehr positiv erlebt. In Großburgwedel hatten wir zu der Zeit einen großartigen Pastor. Ich war in einer Jugendgruppe. Doch als ich Freunden von meinen beruflichen Plänen erzählte, haben die gleich abgewunken und es mir ausgeredet. Ich müsste dann noch das große Latinum machen und das Graecum und dann sollte ich doch auch mal an die Theologenschwemme denken – vielleicht habe ich mich zu leicht und schnell überzeugen lassen. Damals jedenfalls war das Thema damit erledigt.

Im Medienmanagement-Studium realisierte ich dann, dass ich einfach kämpfen muss, um da irgendwie durchzukommen. Und das war hart und eine große Ernüchterung. Denn ich realisierte, dass es Kommilitonen gibt, die mit viel weniger Einsatz, als ich ihn zeigte, schneller am Ziel sind. Apropos: Ich habe das Studium nach zehn Semestern mit allen geforderten Scheinen abgeschlossen, aber ich habe keine Diplomarbeit mehr geschrieben. Und am liebsten würde ich diesen Satz noch einmal in Großbuchstaben schreiben: ICH BIN SCHEINFREI, ABER HABE KEINEN ABSCHLUSS! Daraus habe ich auch nie ein Hehl gemacht. Umso mehr ärgerte mich die ganze Debatte um mein Studium und tut es noch immer. Hat sie tatsächlich studiert? War sie tatsächlich immatrikuliert? Und diese Fragen nur, weil auf der Seite des Bundespräsidialamtes stand: »Sie studierte Medienmanagement und angewandte Medienwissenschaften am Institut für Journalistik und Kommunikationsforschung

Hannover.« Wo ist das Problem? Genau das stimmt. Ich weiß noch, wie die Pressestelle und ich über den Text diskutierten, ihn formulierten und ich ganz klar sagte, dass sie mich natürlich nicht als »Diplom-Medienwissenschaftlerin« bezeichnen könne. Und das ist ja auch nicht der Fall. Aber ich schreibe doch nicht explizit, dass ich keinen Abschluss habe. Wenn ich mich auf einen Job bewerbe, dann erwähne ich es natürlich. Aber sonst? Das hat auch nichts mit fehlender Transparenz oder gar Vortäuschen falscher Tatsachen zu tun. Mir das zu unterstellen, darüber habe ich mich sehr aufgeregt. Ich weiß noch, dass eine Journalistin des Magazins *UniSpiegel* mich diesbezüglich anfragte. Daraufhin haben wir der Guten ziemlich ausführlich und deutlich die Sachlage erklärt und die Redakteurin hat sich daraufhin entschuldigt. Es ist doch reine Böswilligkeit und ganz ehrlich: Ich habe mich ja schon fast gewundert, dass kein Journalist einmal nachhakte und recherchierte, ob ich überhaupt die Tochter meiner Eltern bin.

Aber dachte ich, die Sache mit dem Studium und der Kleidung sei schon die Krönung des Sezierens und des Belanglosen, gipfelte die Affäre meiner Meinung nach in der Diskussion um ein Kinderspielzeug, einem Bobby-Car. Einem kleinen Gefährt, gemeinhin der Liebling vieler kleiner Jungs. Linus bekam ein solches von dem Geschäftsführer eines Berliner Autohauses, der zuvor in Hannover tätig war und den wir daher kannten, zu seinem dritten Geburtstag geschenkt. Es stimmt, dass Christian sich dafür in einem Schreiben mit dem offiziellen Briefkopf des Bundespräsidenten bedankte und den Geschäftsführer auf die Gästeliste zum Sommerfest des Bundespräsidialamtes 2012 setzte. Dies aber nicht etwa als Dankeschön für ein Bobby-Car, sondern einfach aus dem Grund, weil der Mann wie wir aus Niedersachsen nach Berlin gekommen war, es somit eine Verbindung gab. Dieses Bobby-Car stand dann übrigens tatsächlich in der Kinderspielecke im Schloss Bellevue und konnte von allen Kindern genutzt werden. Umso grotesker erschien es mir, als ein Fotograf eines großen Magazins über das Grundstück unserer Nachbarn in Großburgwedel, damals eine Baustelle, kam und durch unsere Gartenhecke eine Aufnahme eines weiteren Bobby-Cars auf unserer Terrasse machte. Ja, Linus hat aufgrund erhöhter Schenkfreudigkeit seines Patenonkels und unserer Freunde durchaus einen kleinen Fuhrpark. Doch darüber weitere Zeilen zu verlieren, wäre wirklich so belanglos, wie ohnehin meiner Meinung nach schon dieses Thema ist.

Gewiss erscheinen manche Dinge nicht nur unglücklich, sondern sie waren es auch. Doch ich halte es schon für extrem, was die Presse überdies daraus konstruierte. Aber die Macht der Medien und was sie anrichten können nahm noch ganz andere Dimensionen an, wie ich bitter erfahren musste …

13 Die Gerüchte

Mein Pseudonym lautet also angeblich »Lady Viktoria« und meine Wirkungsstätte soll ein Etablissement namens »Chateau Osnabrück« gewesen sein. Auch in einem Berliner FKK-Club »Artemis« soll ich als »Gesellschaftsdame«, um es mal charmant auszudrücken, mitgewirkt haben. Und damit nicht genug: Scheinbar lernten mein Mann und ich uns ja auch gar nicht 2006 auf einer Wirtschaftsdelegationsreise in Südafrika kennen, sondern bereits zuvor in einem Edel-Bordell, unterstellte uns manch ein anonymer Blogger im Netz und später sogar ein größeres Magazin.

Die Verleumdungen über meine vermeintliche Vergangenheit im Rotlichtmilieu kamen das erste Mal auf, als Christian noch Ministerpräsident in Niedersachsen war. Und anstatt dass sie irgendwann, wie es Gerüchte zumeist tun, im Sande verliefen, verschärften sie sich nur noch. Als mein Mann zum Kandidaten für die Wahl zum Bundespräsidenten aufgestellt wurde, nahmen sie plötzlich offensichtlich gezielt zu und auch im Internet tauchte die absurde Behauptung auf, ich hätte einmal in einem Club gearbeitet. Bekannte und Freunde aus den unterschiedlichsten Städten, beispielsweise aus Köln, Hamburg und Berlin, riefen mich an und meinten: »Sag einmal, weißt du, was hier über dich erzählt wird? Weißt du, was im Netz über dich steht, was da zu sehen ist?« Auf dubiosen diversen Internetseiten stand da, dass ich Geld als Escort-Dame verdient hätte. Es gab später Fotos, die eine blonde junge Dame im schwarzen hoch geschlitzten, langen Kleid und mit schwarzer Augenbinde zeigten. Auf anderen Aufnahmen präsentierte sich diese Frau mit einem tief ins Gesicht gezogenen schwarzen Hut und äußerst eifrig wurde in Foren gemutmaßt, inwiefern ich jene »Lady Viktoria« sei. Gesichtszüge wurden verglichen, sogar Muttermale – wenn es nicht um mich gehen würde, fände ich das eine richtig abenteuerliche Geschichte, mit welcher Akribie sich da eine Masse von Leuten zu Hause hinsetzten, zum Sherlock Holmes wurden, sich untereinander austauschten und immer wieder neue Infos und angebliche Erkenntnisse ins Internet stellten. Doch leider ging es auf diesen Seiten um mich und es gab tatsächlich Menschen, die dem im Netz Geschriebenen Glauben schenkten.

Diese Diffamierung nahm so schnell eine Eigendynamik an, dass mir ganz schwindelig wurde. Mich überkam ein Gefühl der Ohnmacht, denn ich spürte, dass sich diese anonyme Hetze im Internet nicht eindämmen lässt. Es ist die übelste stille Post, die man sich vorstellen kann, und ich wünsche sie keinem. Ich war sprachlos, entsetzt. Da wird behauptet, ich sei eine »Edelprostituierte« gewesen, und ohne zu hinterfragen, geschweige denn bei mir nachzufragen, hielt es nicht nur ein Teil der deutschen Medienwelt für möglich, sondern auch Herausgeber und Politiker tauschten sich hinter vorgehaltener Hand über mein vermeintliches Vorleben aus.

Obwohl ich mich sonst bestimmt für eine starke Frau halte, die so schnell nichts aus der Bahn wirft, habe ich darüber in den Jahren so viel geheult – ich fragte mich: »Warum? Warum machen die das mit mir? Wer tut mir das an?« Ich weiß, es gibt die Meinung, dass solche Gerüchte doch nicht ohne Grund entstehen, dass da bestimmt irgendetwas dran sein muss, sonst wären sie ja gar nicht aufgetaucht. Wie oft habe ich darüber nachgedacht und keine logische Antwort gefunden.

Ich weiß nur, dass kurz nach der ersten Internetdenunziation Journalisten durch Hannover zogen und in einschlägigen Läden und an bestimmten Orten nachfragten, ob ich dort einmal gearbeitet hätte. Die Presse muss es interessant gefunden haben, dass ich ab Sommer 2000 für rund zwei Jahre in einer Wohnung in der Altstadt von Hannover gewohnt habe, die an das Steintorviertel grenzt. Letzteres ist der Kiez der Stadt, aber auch ein bei jungen Leuten beliebtes Ausgehviertel. Angestachelt von Gerüchten, suchten Journalisten also nach irgendwelchen Bestätigungen. In ihren Kopfkinos lief offensichtlich ein unseriöser Streifen nach dem anderen, ohne Pause.

Sehr schnell wurde klar, dass dies alles mit meinem Mann zusammenhing. Noch in der Nacht seiner Wahl zum Bundespräsidenten wurden renommierte Journalisten – so haben wir später erfahren – von einflussreichen Personen, darunter sogar auch andere Politiker, angesprochen, ob die Internetveröffentlichungen über mich eigentlich bekannt seien. Es wurde ein Zusammenhang hergestellt zu vermeintlich intensiven Kontakten Christians – die *FAZ* schrieb von »Erbfreundschaften« – zu einem hannoverschen Rechtsanwalt, der einige Immobilien am Steintorviertel besitzen soll und Rocker als Mandanten vertritt. Das war ein gefundenes Fressen. Dazu dann immer wieder dieses Gerede, ich wäre luxusverliebt – wahrscheinlich hat das den einen oder anderen Journalisten auf den Plan gerufen zu recherchieren, wild zu spekulieren und mit Sätzen von der Sorte »Bettina Körner hatte es früh drauf, mit Männern unverstellt umzugehen« oder Bezeichnungen wie »lebenslustige Bettina« und »ausgehfreudige Frau« die Fantasien der breiten Leserschaft anzuregen. Dieser Mechanismus, der sich daraus entwickelte, all diese Geschichten sind nicht nur erstaunlich, sie sind grausam und schlicht Rufmord.

Mir war klar: Eine First Lady des Landes braucht ein makelloses, ein tadelloses Vorleben. Am allerbesten aber gar keines. Aber ich habe, wie übrigens viele andere normale Frauen auch, ein Vorleben und es ärgert mich ungemein, dass es einem als Frau, als junge Frau, abgesprochen wird, ein selbstbestimmtes Leben führen zu können. Während Männer sich austoben dürfen, ja es sogar gesellschaftlich mehr als akzeptiert ist, dass ein Mann seine Erfahrungen machen sollte, wird Frauen dieses Recht nur in begrenztem Maße zugestanden – wenn überhaupt.

Ein paar dieser Seiten im Internet habe ich mir angeschaut. Aber ich habe gewiss nicht alles gelesen, was da über mich geschrieben wurde. Das tue ich mir einfach nicht an, denn ich halte es nicht aus. Es war und ist schon unerträglich, wenn ich nur bei Google meinen Namen eintippe und mir automatisch dazu Begriffe wie »Rotlicht« und »Escort« angeboten werden. Ich habe eine Familie, ich bin Tochter, Schwester, Ehefrau und vor allem bin ich Mutter. Mein Sohn Leander ist nicht mehr so klein und selbstverständlich geht er auch ins Internet, googelt und wenn er dann meinen Namen eingibt und als Erstes solche Begriffe liest und auf solche Seiten kommt, dann finde ich das einfach so etwas von entsetzlich und beschämend. Für dieses Gefühl fehlen mir die Worte.

Natürlich war auch mein Mann schockiert, als diese Gerüchte aufkamen und sich wie ein Lauffeuer verbreiteten. In keiner Minute aber hat er geglaubt, dass daran auch nur ein Fünkchen Wahrheit ist. Dafür haben wir am Anfang unserer Partnerschaft reinen Tisch gemacht. Ich habe ihm von meinen Exbeziehungen erzählt, ebenso wie er es getan hat. Wir wissen genau, was bei dem anderen passiert ist – und was aber eben auch nicht. Trotzdem war es für Christian schwierig. Er wusste zunächst nicht, wie er damit in seiner öffentlichen Funktion umgehen soll. Müsste man es thematisieren? Müsste man vielleicht direkt in die Offensive gehen?

Wir haben uns dagegen entschlossen. Es hätte dem anonymen Rufmord eine viel zu große Aufmerksamkeit eingeräumt. Erst später, nachdem Mitte Dezember 2011 eine Zeitung und ein bekannter Moderator einer Talkshow im öffentlich-rechtlichen Fernsehen die Netzgerüchte und eine dazu bereits erschienene Passage eines Zeitungsartikels vor Millionen von Zuschauern am Bildschirm verbreitete, äußerte sich mein Mann. Im ARD und ZDF-Fernsehinterview am 4. Januar 2012 sagt er in einem Nebensatz: »Wenn Sie da sehen, was da über meine Frau alles verbreitet wird an Männerfantasien …« Aber zu dem Zeitpunkt, als das alles aufkam, hat Christian als Politiker das getan, was wir bezüglich des Themas auch für unser Familienleben beschlossen hatten: es auszublenden. Weil es ja »nur« im Internet, in irgendwelchen ominösen Blogs diskutiert wurde, glaubten wir nicht, dass diese Sache eine solche Dimension annehmen und eine derartige Ernsthaftigkeit zugeschrieben bekommen würde. Was nicht heißen soll, dass es damit für uns abgehakt war. So etwas kann man nicht abhaken.

Manchmal verunsichert es mich, dass weder mein Bruder noch meine Eltern mir gegenüber je ein Wort über diese Anschuldigungen bezüglich meiner Person verloren haben. Ich weiß, sie werden etwas gelesen, sie werden darüber etwas gehört haben – dafür war und ist es viel zu präsent, als dass sie sich dem verschließen könnten. Doch genauso weiß ich, dass es für meine Familie so unvorstellbar und unbegreiflich ist, dass es für sie zu etwas absolut Unaussprechlichem wird. Meine Eltern können diese Begriffe in Beziehung zu ihrer Tochter gar nicht in den Mund nehmen. Von ihrer Seite aus ist es tabu. Ich glaube auch, sie wollen es mir gegenüber nicht erwähnen, weil sie befürchten, ich könnte glauben, dass sie auch nur einen minimalen Hauch der Wahrheit in Erwägung ziehen. So schweigen sie. Von meiner Seite aus aber war es mir ein Bedürfnis, ihnen zu sagen, dass ich um die Dinge weiß und dass sie sich in keiner Weise Sorgen machen müssen. Das war mir wichtig, ihnen zu sagen, denn meine Eltern haben Freunde und Bekannte, die bestimmt ebenfalls nicht hinterm Mond leben, sondern gewiss von den Gerüchten gehört haben. Der Anstand wird es ihnen verbieten, meine Eltern darauf anzusprechen. Aber umso mehr, weil manchmal solch ein Schweigen viel schlimmer ist, wollte ich, dass meine Eltern zu jedem Moment mit erhobenem Haupt vor die Tür treten können. Diese Penetranz aber, mit der gerade Journalisten nach etwas suchten, was die Geschichte von der werten blonden Bundespräsidentengattin mit zwielichtiger Vergangenheit bestätigt, die war und ist so unglaublich – wie sagt der Volksmund: Man kann gar nicht so viel essen, wie man kotzen möchte. Mir wurde eine Liste mit Namen vermeintlicher Mitarbeiterinnen eines Clubs gezeigt, die unter der Hand von einigen Journalisten angeblich in Umlauf gebracht worden sei. Auf dieser Liste stand weder »Bettina« noch »Wulff« noch mein Mädchenname »Körner«. Dort war lediglich eine »Betty« vermerkt. Trotzdem sahen dies offensichtlich einige Journalisten als Beleg für ihre Spekulationen.

Was soll ich sagen? Auch wenn bestimmt einige Journalisten und ihre Pseudo-Informanten als Bestätigung ihrer Vermutungen gerne etwas anderes lesen würden: Ich habe nie als Escort-Lady gearbeitet. Das ist einfach absoluter Quatsch. In meiner Studentenzeit arbeitete ich im Fitnessstudio, kümmerte mich dort um das Marketing. Außerdem stand ich von 1994 bis 1997 in einem kleinen inhabergeführten Weinkontor in Hannover als studentische Verstärkung mindestens zweimal in der Woche zwischen Regalen voll mit Weinflaschen und italienischen Spezialitäten. Es verwundert und verärgert mich sogar ein Stück weit, dass darüber noch nie etwas geschrieben wurde. Wahrscheinlich ist dies zu unspektakulär. Lieber war so manch ein Journalist in puncto meiner Person überzeugt von einem angeblich anrüchigen Vorleben.

Aber warum haben die Medien bis heute nichts Konkretes veröffentlicht? Wäre es dem einen oder anderen Magazin zu Bundespräsidentenzeiten vielleicht noch zu heikel und wollte es sich nicht mit dem Staatsoberhaupt verscherzen, wäre doch jetzt, wo mein Mann zurückgetreten ist, eine gute Gelegenheit. Wahrscheinlich, hoffentlich, setzt dann bei den meisten Journalisten doch wieder das klare, rationale Denken ein und dass es das Wissen, dass eine derartige Story glatt erlogen wäre und es aufgrund einer extremen Persönlichkeitsverletzung zu einer Klage kommen würde. Dafür ist eine derartige Behauptung zu extrem, vielleicht das letzte verbliebene Tabu. Wohl deswegen haben die Zeitungen und Magazine nie eine große Geschichte zu diesem Thema in Verbindung mit meiner Person gebracht. Selbst die *Bild*-Zeitung nicht, obwohl sie vieles andere tut beziehungsweise getan hat …

14 Die Medien

Ich habe zur *Bild*-Zeitung ein sehr pragmatisches Verhältnis. Sie ist nun einmal die meistgelesene Tageszeitung in Deutschland. Und als Fan vom Fußballclub Hannover 96 zählte sie lange morgens auch zu meiner Lieblingslektüre. Wer spielt gegen wen? Welcher Trainer wurde entlassen? Welcher Spieler ist mal wieder mit seinem Porsche zu schnell gefahren? Die *Bild* schreibt nicht drum herum. Alles ist kurz, knapp und mitunter sogar unterhaltsam notiert. Darum: Immer wenn irgendwo eine *Bild*-Zeitung herumlag, beispielsweise in der Bahn, im Flieger oder im Café, dann habe ich sie gelesen. Ich habe sie mir früher sogar ab und an selbst gekauft und später, als ich mit Christian zusammenkam, lag sie sowieso jeden Morgen auf dem Frühstückstisch, und im Gegensatz zu meinem Mann, der am liebsten als Erstes immer die *Süddeutsche* liest, fiel meine Erstwahl auf die *Bild*. Warum auch nicht? Sofern sie nicht die einzige Zeitung ist, die man liest, und nicht all das Gedruckte für bare Münze nimmt, finde ich das nur nachvollziehbar. Man liest die *Bild* doch gewöhnlich nicht, um sich politisch weiterzubilden. Oder besser gesagt: Ich tue das nicht und habe es auch nie getan.

Da ich aus der Marketingecke komme, interessiere ich mich für Medien und mag somit auch keine Journalisten, die verächtlich die Nase über die *Bild* rümpfen oder gar leugnen, sie zu lesen. Ich weiß, dass ich vielleicht selbst deswegen meinen Studienplatz bekommen habe, weil ich mich auch zur *Bild* bekannte. Als mich die Professoren im Bewerbungsgespräch fragten: »Was lesen Sie denn so für Zeitungen?«, versuchte ich eben nicht, mich mit Aussagen wie »Ich lese den Feuilleton-Teil der *FAZ* und das *ZEITmagazin*« zu punkten, sondern sagte direkt: »Mir ist eine Tageszeitung mit regionalem Bezug wichtig, in meinem Fall ist das die *Hannoversche Allgemeine*, zudem lese ich die *Süddeutsche*, aber am besten, für den kurzen Überblick, finde ich die *Bild*-Zeitung.« Da gab es zunächst ein kurzes Räuspern in der Runde, bevor einer der Professoren meinte: »Endlich mal eine, die es zugibt.«

Die *Bild*-Zeitung ist ein Massenphänomen und dessen Wirkung haben mein Mann und ich leider nur allzu deutlich zu spüren bekommen. Dieses berühmte Zitat von Mathias Döpfner, Vorstandsvorsitzender beim Axel Springer Verlag: »Wer mit der *Bild*-Zeitung im Aufzug nach oben fährt, der fährt auch mit ihr im Aufzug nach unten« – es ist tatsächlich so. Denn die *Bild* macht Meinung. Es ist alles ein großes Spiel, bei dem es nur ein Ziel gibt: Auflage zu machen! Und plötzlich Teil dieses Spiels zu sein, ein Spielball der gesamten Medien, denn da schließe ich andere Blätter mit ein, bei diesem Spiel irgendwie mitzumachen, um nicht gleich der Verlierer zu sein, das war für mich schon merkwürdig und hat mich von Beginn an überrumpelt.

Ich denke, bei mir und Christian kamen einfach ein paar Dinge zusammen, die uns gerade für die Boulevardmedienlandschaft interessant machten. Da verliebt sich ein älterer konservativer, katholischer und obendrein noch verheirateter Politiker und Familienvater in eine 14 Jahre jüngere alleinerziehende und blonde Frau. Ein Stoff, über den gelästert werden kann, der aber auch Hoffnung und den Alltag widerspiegelt, weil viele andere ebenfalls eine Trennung vom Partner hinter sich haben. Also ein Stoff für eine breite Leserschaft, der Wellen schlagen wird. Das wussten Christian und ich bereits bevor wir uns das erste Mal in der breiten Öffentlichkeit als Paar zeigten, und darum wollten wir unser – sozusagen – Outing auch so gut es geht selbst bestimmen und er stellte bewusst Pfingsten 2006 den Kontakt zur *Bild*-Zeitung und auch den anderen Medien her, die bereits in den Tagen davor Anfragen an den Pressesprecher meines Mannes gestellt hatten. Christian und Christiane gaben ihre einvernehmliche Trennung bekannt. Anschließend wählten wir für unseren offiziellen gemeinsamen Auftritt als Paar gut eine Woche später, am 14. Juni 2006, das bereits erwähnte Public Viewing anlässlich der Fußball-WM.

Womit ich allerdings nicht gerechnet hatte: Wie interessant auch ich alleine plötzlich für die Medien sein würde und dass dies bedeutete, sich komplett wohl oder übel von einem Privatleben verabschieden zu müssen. Wohnungssuche, Hochzeit, Schwangerschaft, Geburt des Kindes – selbst die für einen normalen Menschen privatesten Erlebnisse und Entscheidungen waren plötzlich öffentlich beziehungsweise meinten einige Medien, dass sie für die Öffentlichkeit von Interesse seien. Und bevor da irgendwelcher Unfug über uns verbreitet und oder unser Freundes- und Verwandtenumfeld abtelefoniert wurde, um irgendeine Neuigkeit zu erfahren, denn auch das war nahezu Alltag, haben mein Mann und ich versucht, manche Themen gegenüber der Presse selbst zu steuern – auch gegenüber der *Bild*-Zeitung. Es ist Fakt: Wenn man in Deutschland einen bestimmten Grad an Öffentlichkeit erreicht hat, kommt man nicht um die *Bild* herum. Auf einer gewissen Ebene gilt es, mit dem Blatt zurechtzukommen. Und, das streite ich nicht ab, es eventuell auch zu nutzen, um Dinge bekannt zu machen, bevor andere spekulieren.

Ein gutes Beispiel ist da die Nachricht Anfang Dezember 2007 über meine Schwangerschaft. Christian befand sich zu dieser Zeit mitten im Wahlkampf zur Landtagswahl in Niedersachsen. Eine Presse, die über sein Privatleben munkelt, konnte er da nicht gebrauchen. So bestätigte der Sprecher meines Mannes die Anfrage der *Bild*-Zeitung Hannover, ob ich schwanger sei. Sie hatten, das muss man sich einmal vorstellen, völlig verrückt, von einem bei meiner Gynäkologin wartenden werdenden Vater einen Hinweis erhalten. Dieser Mann hatte mich in der Praxis mit dem Mutterpass gesehen. Ich war damals bereits im fünften Monat, also über die kritischen Wochen hinaus und lange hätte sich die Schwangerschaft sowieso nicht mehr verbergen lassen. So gesehen war die Bekanntgabe für mich Ordnung, zumal ich nicht schlecht staunte, als ich merkte, was geschrieben werden kann, wenn dem einen oder anderen Journalisten das Futter zu einem Thema ausgeht. Schwarz auf weiß meinte zum Beispiel am 23. März 2008 die *Bild am Sonntag* bezüglich meiner Schwangerschaft: »Bettina Wulff ist im siebten Monat schwanger, erwartet ein Mädchen.« Da habe ich echt lachen müssen und dachte nur: »Mensch, liebe *Bild*, da weißt du ja mehr als ich. Ich dachte, ich sei bereits im achten Monat. Und: Ein Mädchen wird es also? Mir hat man gesagt, es wird ein Junge.«

So gab es durchaus auch Meldungen, über die ich nur verdutzt den Kopf geschüttelt habe. Ein anderes Beispiel von dieser Sorte ist die Behauptung einer Zeitung im Mai 2011, ich hätte sogar zwei Tätowierungen. Da habe ich erst einmal an mir heruntergeschaut und fragte mich: »Interessant. Na, wo bist du denn, du zweite Tätowierung? Ich kenne dich ja noch gar nicht.« Obgleich mich derartige Artikel für einen kurzen Moment fast amüsierten, haben sie mich auch verärgert. Die Presse verbreitete in der Öffentlichkeit zum Teil ein falsches Bild von mir, dazu gehörten natürlich vor allem die ganzen Andeutungen über eine vermeintliche Vergangenheit als Escort-Dame und sie bestätigte unterm Strich somit einmal mehr mein Wissen: Es geht um die Auflage, und um die zu machen, werden manchmal auch Dinge geschrieben, die schlichtweg falsch sind.

Ganz eindämmen konnten mein Mann und ich eine derartige Berichterstattung nicht. Aber wir konnten versuchen, zu einigen Medien eine Beziehung aufzubauen, um von Anfang an Falschmeldungen, Missverständnissen oder Übertreibungen zu begegnen.

Bereits als Christian noch Ministerpräsident von Niedersachsen war, entwickelte sich daher ein recht guter Draht zu der *Bild*-Zeitung in Hannover. Es gab eine bestimmte Mitarbeiterin, die vertrauensvoll vom Sprecher meines Mannes mit Informationen zu ihren Anfragen versorgt wurde, die uns auf offiziellen Reisen begleitete und mit der ich mich zu Exklusiv-Interviews verabredete. Ganz ohne Zweifel war uns die *Bild*-Zeitung zu diesen Zeiten sehr wohlgesonnen, im von Mathias Döpfner erwähnten Fahrstuhl ging es nach oben. Ich glaube durchaus, dass beide Seiten, wir wie die *Bild*, damals davon profitiert haben.

So kam es mir und meinem Mann auch nicht verwunderlich vor, dass uns *Bild*-Chefredakteur Kai Diekmann mit seiner Frau Katja Kessler zu einem Abendessen in ihr Haus in Potsdam einluden. Es war in den Wochen, als Christian für das Amt des Bundespräsidenten kandidierte. Ich denke, Kai Diekmann wollte meinem Mann da einfach einmal auf den Zahn fühlen. Was er plant, wie er tickt und bestimmt wollte Kai Diekmann auch so etwas wie den Grundstein für eine weitere Zusammenarbeit legen. Eben für den Fall, wenn Christian tatsächlich Staatsoberhaupt werden sollte. Für mich war es die erste Begegnung mit Kai Diekmann und ich weiß noch, wie unwohl ich mich an diesem Abend fühlte. Zum einen kam ich mir mehr wie das schmückende, aber völlig unwichtige Beiwerk an Christians Seite vor, zum anderen, und das war besonders ausschlaggebend für meine Gefühle, war da dieses wahrlich beeindruckende Haus und dieses Paarensemble Diekmann-Kessler. Er der Typ »Macher«, sie lässig durchgestylt. Mich beschlich das Gefühl, dass dies alles eine mächtige Inszenierung ist. Zugegeben perfekt. Dass so eine Fassade mit zum Spiel gehört, wusste ich damals noch nicht. Die Erfahrung habe ich erst nach und nach in Berlin gemacht und mir letztlich ja auch selbst gelegentlich eine Fassade angeeignet, zum Selbstschutz.

Im Nachhinein erstaunt es mich übrigens fast, dieses damalige Interesse von Kai Diekmann an meinem Mann. Selbstverständlich war es professionell, als Journalist und Chefredakteur der *Bild*-Zeitung einen Kandidaten für das Amt des Bundespräsidenten zu befragen und dies eventuell auch in einem privaten Rahmen. Doch eigentlich wollten einige Journalisten des Springer-Verlags wohl einen anderen Bundespräsidenten als Christian. So titelte die *Bild am Sonntag* am 6. Juni 2010, lediglich zwei Tage nach Christians Nominierung: »Yes, we Gauck«. Auch auf dem Cover des Magazins *Der Spiegel* stand einen Tag später, am 7. Juni 2010: »Joachim Gauck – Der bessere Präsident.« Wenn ich böse wäre, könnte ich da ja fast zu dem Entschluss kommen, die ganze später folgende Geschichte hatte einen großen Plan. Aber das tue ich einmal nicht.

Sozusagen die Gegeneinladung für das Abendessen folgte Ende September 2010. Christian war zum Bundespräsidenten gewählt worden und wohnte bereits in Berlin. Wir wussten, dass es wichtig wäre, den Kontakt zum Axel-Springer-Verlag zu pflegen, und luden Kai Diekmann mit seiner Frau zu einem Frühstück ins Schloss Bellevue ein. Es wurde über Politik gesprochen, beispielsweise diskutierten gerade die Männer eifrig den Satz »Der Islam gehört inzwischen auch zu Deutschland«, den Christian zum bevorstehenden Feiertag der Deutschen Einheit sagen wollte. Aber ich plauderte mit Katja Kessler auch über die Kinder, wir tauschten sogar unsere Nummern aus und ich war später einmal mit Linus und Leander bei ihr. Trotzdem sollte und konnte dieses Frühstück nicht der Beginn einer wundervollen Freundschaft werden. Dazu waren die Positionen zu deutlich verteilt und manchmal denke ich rückblickend, dass mir das bewusster war als Christian. Kai Diekmann ist einfach ein Fuchs. So war zum Beispiel dieses Frühstück ein nettes Beisammensein, bis zu dem Moment, als er mich ohne Vorwarnung fragte, was denn an den Gerüchten zu meiner vermeintlichen Vergangenheit im Rotlichtmilieu dran sei. Einige seiner Redakteure hätten Derartiges in einer Redaktionskonferenz erwähnt und recherchierten in diese Richtung. Ich war völlig entgeistert, mir blieb fast das Brötchen im Halse stecken. Da saßen wir beim Frühstück zusammen und dann stellt dieser Mann so eine Frage. Zwar versuchte ich noch, meine Fassungslosigkeit mit einem ironisch gemeinten »Das ist ja interessant!« zu überspielen und Kai Diekmann meinte, dass damit das Thema für ihn erledigt sei. Doch für mich war damit auch das ganze Frühstück gegessen.

Es ist schwierig zu sagen, wann sich das Verhältnis zu den Medien zugespitzt hat. Im Grunde ja schon hinter unserem Rücken Mitte Dezember 2010, also nur wenige Monate nach Christians Amtsantritt, das Magazin *Der Spiegel* beim Amtsgericht Burgwedel die Einsicht in das Grundbuch beantragte, um Näheres über die Konditionen zum Kauf unseres Hauses zu erfahren. Der Antrag wurde vom Amtsgericht und Oberlandesgericht abgelehnt, der *Spiegel* legte Beschwerde beim Bundesgerichtshof ein und bekam dort Recht zugesprochen. Ein Prozess, der sich fast über ein Jahr, bis Ende Oktober 2011, hinzog und schließlich auch andere Magazine und Zeitungen aufscheuchte, der Sache nachzugehen – die *Bild*-Zeitung eingeschlossen. So kam es auch zu dem Punkt, der rückblickend betrachtet der Anfang vom Ende war und die Angelegenheit zur Eskalation brachte: dieser Anruf am 12. Dezember 2011 bei Kai Diekmann. Christian wollte mit dem *Bild*-Chefredakteur sprechen, bekommt aber nur dessen Mailbox zu Gehör und redet sich den Frust von der Seele.

Ich weiß nicht, wie oft mein Mann und ich später zusammengesessen sind und darüber, über diesen Anruf, gesprochen haben. Davor haben wir es nicht getan und manchmal denke ich heute: »Leider.« Ich hätte mir gewünscht, dass Christian mit mir redet. Dass er die aufgestaute Wut mir gegenüber ablässt. Aber zum einen weiß ich, dass er mich in diesem Moment nicht damit belasten wollte. Er wollte mich da nicht noch weiter mit hineinziehen, zumal ich erst einige Tage zuvor zu ihm sagte, dass ich einfach nicht mehr alles wissen wolle. Zum anderen befanden wir uns zu dieser Zeit auf einer Amtsreise in der Golfregion. Donnerstags im Oman, samstags im Staat Katar, sonntags in den Vereinigten Arabischen Emiraten und dienstags im Staat Kuwait – ständig landeten wir in einem neuen Land, standen unter wahnsinnigem Zeitdruck, ein Termin, ein Treffen mit einem ranghohen Staatsmann folgte dem nächsten. Da funktioniert man im besten Fall und fällt abends müde ins Bett.

Ich kann das Verhalten meines Mannes bei diesem Anruf nachvollziehen. Es war ein hochemotionaler, aufgeladener Moment. Es ging um unser ganz privates Leben. Christian dachte nur: »Meine Familie wird da vorgeführt, meine Freunde leiden, mein ganzes Umfeld wird von der Presse belagert.« Schließlich hatten uns sogar schon Nachbarn aus Großburgwedel angerufen, bei denen Journalisten geklingelt und um ein Interview gebeten hatten. Diese Nachbarn fanden das fürchterlich, eine Unverschämtheit. Sie fragten uns, was sie tun sollen, und wollten wissen, wann das aufhört. Ebenso hatten sich Freunde bei uns gemeldet, auch mit ihnen wollte die Presse sprechen. Ich fragte mich, wie viel eine Freundschaft aushält und ich hatte Angst, dass diese Freunde aus Eigenschutz vielleicht den Kontakt abbrechen. Alle, Bekannte wie Freunde, haben zwar gesagt, dass sie auf unserer Seite sind und uns unterstützen. Aber irgendwann hat man Angst und denkt darüber nach, wie viel die Menschen, die einen über Jahre kennen, vielleicht doch von dem allen glauben, was da verbreitet wird. Es tut gut, im Nachhinein zu sehen und zu spüren, dass tatsächlich kein Einziger, wirklich kein Einziger aus unserem näheren Umfeld von uns abgerückt ist.

In diesen Abendstunden in Kuwait, an diesem 12. Dezember 2011, ging es darum, sich einmal Luft zu machen und zu sagen: »Jetzt reicht's!« Und dass der Tonfall dabei nicht gerade honigsüß war, dass da auch ein paar äußerst unschöne Sätze gefallen sind, darüber kann man denken, was man will. Ich fand es menschlich. Unter anderen Umständen wäre es das Natürlichste der Welt gewesen, einfach Dampf abzulassen, einmal zu fragen, was das alles soll. Genauso zu sagen, dass es so nicht geht, und vielleicht auch jemandem zu drohen, dass er keinen Schritt weiter gehen solle. Doch in dem Amt, in Christians Position, war es ein riesengroßer Fehler. Das muss ich ebenso sagen. Ich habe dies meinem Mann nie vorgeworfen, denn ich weiß, dass er es längst selbst realisiert hat. Er hätte seine Wut für sich behalten und den Dingen auf ganz sachlicher Ebene begegnen sollen.

Denn von den Konsequenzen – und das ist das Erschreckende daran – waren nicht nur er, sondern wir beide und sogar unsere Kinder betroffen. Ich weiß, dass Christian nicht nur entsetzt, sondern auch enttäuscht war über die Handlungsweise von *Bild*-Chefredakteur Kai Diekmann – eben gerade aufgrund der vorangegangenen Zusammenarbeit. Und jemandem auf die Mailbox zu sprechen, ist ja quasi ein Gespräch, das nur zwischen zwei Menschen stattfindet. Das hätte man auch privat abhandeln und zunächst mit der jeweiligen Person klären können.

Nach dem Anruf war es vorbei mit dem vermeintlich guten Verhältnis zur *Bild*-Zeitung. Schlagartig kippte die Stimmung und in den ersten Tagen war ich über die Massivität und die Wucht überrascht. Die einstige Wohlgesonnenheit und Sympathie wurde von einer gezielten Negativkampagne uns gegenüber abgelöst. Nahezu alle Zeitungen und Magazine, sei es der *Stern*, der *Focus*, der *Spiegel*, die *FAZ*, alle Springer-Blätter, selbst die *Sport-* und *Autobild*, haben sich auf uns gestürzt. Sie hatten sich darauf versteift, Skandalöses zu finden. Irgendetwas, was sie uns noch anlasten können. Noch stärker als zuvor haben die Journalisten intensiv in unserem Umfeld recherchiert. Freunde und Bekannte wurden kontaktiert, das Magazin *Der Spiegel* fragte sogar bei meinem Bruder bezüglich eines Interviews an.

Ich wusste, dass die Journalisten und Redakteure graben – in der Vergangenheit meines Mannes und auch in meiner. Sie haben aber durchaus differenziert zwischen Christian, mir und uns als Paar. Im Nachhinein kann ich sicher sagen, dass ich in der Presse relativ gut abgeschnitten habe, im Gegensatz zu Christian. Jedoch umso ärgerlicher war und ist es für mich, dass wir oftmals über einen Kamm geschoren und in einen Topf geworfen wurden und auch noch immer werden.

Apropos: Ich denke schon, dass wir beziehungsweise mein Mann mit Informationen hätte durchaus anders umgehen sollen. Statt erst nach jeder einzelnen Anfrage ein Statement abzugeben, wäre es klüger und souveräner gewesen, sich einmal offensiv zu erklären. Das hätte uns sicher Einiges erspart, auch mit Blick in die Zukunft.

Es ist einfach so: Da hat man zum Beispiel Plätze und Orte für sich gefunden, an denen man sich wohlfühlt und abschalten kann, und dann machen es andere, eben vor allem die Medien, einem madig. Sie sorgen dafür, dass selbst schönste Erinnerungen plötzlich mit einem Schatten belegt sind. Es gibt jetzt immer ein »Aber«, wenn ich an Sylt, Mallorca oder die Toskana denke. Mehr noch: Mir ist die Lust auf Urlaub vergangen. Ich kann kaum noch irgendwo hinfahren und mich entspannen. Immer und überall muss ich befürchten, dass man mir hinterherspioniert und Fragen stellt wie »Na, hat die das Zimmer günstiger bekommen? Bezahlt die überhaupt etwas oder ist die ganz dicke mit dem Besitzer?«.

Ich habe das im November 2011 gemerkt. Da war ich mit meinen beiden Söhnen Linus und Leander ein paar Tage auf Norderney, im Hotel Seesteg. Ich mag diesen Ort und dieses Hotel. Doch selbst dort kann ich mich nicht mehr wirklich frei bewegen. Eine Hotelangestellte erzählte mir damals, dass andere Hotelgäste wohl die *Bild*-Zeitung informiert hätten, die dann anrief und fragte, wie das denn so sei. Ob ich ein vergünstigtes Zimmer bekommen hätte. Um es klar zu sagen: Nein, ich habe den ganz normalen Preis gezahlt. Wie jeder andere Gast auch.

Apropos Journalisten: Es waren Wochen, diese Zeit von Dezember 2011 bis schließlich zu Christians Rücktritt im Februar 2012, in denen ich aufpassen musste, nicht zum Menschenhasser zu werden. Journalisten per se waren für mich wie ein rotes Tuch. Was, wenn mir einer von denen über den Weg läuft? Wenn man sich beispielsweise einfach völlig unbeobachtet irgendwo beim Gang zur Toilette trifft? Wenn man zufällig auf dem Flughafen gemeinsam in der Warteschlange beim Check-in steht? Oft habe ich mögliche Szenarien in Gedanken durchgespielt, auch weil es meinem angestauten Ärger und meinen aufgestauten Aggressionen guttat. Und dann, wenn ich gedanklich richtig in Rage war, habe ich dem einen oder anderen Journalisten und Chefredakteur einmal ordentlich gegen das Schienbein getreten. Auch einem Kai Diekmann. Denn das wäre meine normale Reaktion. Aber eine solche Szene werde ich keinem Fotografen liefern. Ich kann mich gut beherrschen und meine Bedürfnisse im Zaum halten. Ich schiebe meine Verärgerung ein Stück weit beiseite und hoffe, dass ich als Bettina Wulff bald uninteressant für die Medien bin. Zumindest, wenn es um die Verleumdungen und meine Vergangenheit als Gattin des Bundespräsidenten geht. Ich konzentriere mich auf meinen Job, auf meine Termine, auf meine Kinder, auf unsere Zukunft als Familie. Und dabei denke ich und gehe davon aus, dass man sich mindestens zweimal im Leben sieht. Auch mit einem Kai Diekmann wird es für mich ein Wiedersehen geben, da bin ich mir fast sicher.

An der exponierten Stellung der *Bild*-Zeitung wird das, was ich denke und sage, rein gar nichts ändern. Die *Bild* wird weiterexistieren, sie wird weiter die Zeitung mit der höchsten Auflage sein und das auch bleiben wollen. Darum wird sie nichts an ihrem Konzept ändern. Da bin ich realistisch und emotionslos. Wie erwähnt: Ich habe zur *Bild* durchaus auch ein ganz pragmatisches Verhältnis. Aber es ist mir ein Bedürfnis zu zeigen, dass ich neue Dinge im Leben als wichtig definieren werde, dass ich mir Neues suchen werde, was mich erfüllt, dass es einfach weitergeht. Ich möchte zeigen, dass ich wieder ein glückliches Leben führen kann.

Gerade auch deswegen war es für mich zum Beispiel eine willkommene Selbstverständlichkeit, am 9. Januar 2012 den Neujahrsempfang des *Hamburger Abendblatts* zu besuchen. Zwar eine Tageszeitung des Axel-Springer-Verlags, also der Verlag, in dem auch die *Bild*-Zeitung erscheint, doch ich hatte diese Einladung bereits Monate vorher zugesagt. Nur weil mein Mann und ich zu der Zeit gerade nicht zu ihren Lieblingen, zu den positiv gefeierten Lieblingen der Medien gehörten, wollte ich mich nicht ducken oder plötzlich unsichtbar werden. Schon gar nicht wollte ich mir einreden lassen: »Ich bin nichts mehr wert! Ich darf da nicht mehr sein! Ich habe da nichts mehr zu suchen!« Ich wollte mich von den Medien nicht fremdbestimmt fühlen, sondern bewusst zeigen, dass ich mich als Frau des Bundespräsidenten von all den Anschuldigungen nicht brechen lasse.

Christian fragte mich zwar, ob ich das wirklich machen will, ob ich mir wirklich diesen Empfang antun wolle, aber für mich gab es da keine Zweifel. Es gab nichts, wofür ich mich schämen musste. Umso mehr haben mich die Reaktionen der anderen Gäste überrascht. Die Leute haben mich angestarrt, als sei ich das achte Weltwunder, und ich dachte nur: »Was guckt ihr denn so? Was habt ihr denn für ein Problem? Ihr seht doch, dass ich ganz normal bin!« Vielleicht bin ich da einfach auch zu naiv in meinem Denken. Ich merkte aber, dass ich mir durch den Auftritt bei diesem Neujahrsempfang ein Stück Respekt zurückgeholt habe.

Die Medien gehören mit zum Geschäft, wenn man sich in der Öffentlichkeit bewegt. Ich nutze ihre Wirkung ja durchaus bewusst in meiner Funktion als Botschafterin beziehungsweise Schirmherrin für Stiftungen wie »Eine Chance für Kinder«. Es ist ein Geben und Nehmen. Trotzdem steht für mich fest, dass ich auf keinen Fall mehr derart zum Medienereignis werden möchte. Zu sehr haben sich die Berichterstattungen auf mein Privatleben, eben vor allem auch auf meine Kinder ausgewirkt. So gesehen bin ich in gewisser Weise sehr froh darüber, dass vieles so gekommen ist …

15 Der Rücktritt

Zu keinem Augenblick habe ich zu meinem Mann gesagt: »Tritt besser zurück!« Aber ich fragte ihn irgendwann Mitte Januar 2012: »Meinst du, dass das hier noch zu einem guten Ende führt? Dass selbst, wenn sich die Wogen glätten, du dieses Amt noch so weiterführen kannst wie bisher? Dass wir beide mit dieser Begeisterung und dem Elan dabei sind, wo wir doch wissen, wie Menschen und Medien unter Umständen mit einem umgehen?!«

Wir haben viel gesprochen. Ich merkte, dass Christian unter dem ganzen Druck und Stress, der zu dieser Zeit auf ihm lastete, gar nicht sah, wie sehr diese Situation unser gesamtes Familienleben belastete. Er saß den Tag über mit seinen Beratern im Büro und er verdrängte dabei, dass neben mir vor allem auch die Kinder unter dem Istzustand litten.

Ich war gereizt. Längst warfen die meisten Medien alles in einen Topf, machten aus meinem Mann und mir nur noch einen personifizierten »Wulff«. Ständig in der Presse ohne »Wenn« und »Aber« zu lesen, dass ich als angeblich auf Glamour und Luxus erpichte Frau meinen Mann zu vielem gedrängt hätte, kostete mich eine immense Kraft. Mir ist es nicht egal, was andere über mich denken. So blieb ich, obwohl ich in dieser Zeit häufig Fluchttendenzen in mir spürte und den Wunsch, mich manchmal einfach nur wegbeamen zu können. Doch ich wollte auch all die Sachen nicht auf mir sitzen lassen.

Ab Dezember 2011, als die Presse uns verstärkt wegen des Kredits für unser Einfamilienhaus in Großburgwedel ins Visier nahm, gab es ständig Termine mit unserem Anwalt oder den Mitarbeitern der Pressestelle, um zu diskutieren und Erklärungen auszuarbeiten. Und zumeist wollte mich Christian bei diesen Gesprächen an seiner Seite haben, denn die Entscheidungen betrafen schließlich ganz unmittelbar auch mein Leben. So musste ich permanent irgendwie die Jungs wegorganisieren. Leander war länger als sonst im Hort, Linus länger im Kindergarten. Die Kinderfrau musste Überstunden machen, um für die beiden da zu sein. Denn ich war es in dieser Zeit nicht. Zwar war ich physisch anwesend, doch mit meinen Gedanken war ich woanders. Öfter als sonst sagte ich zu den beiden: »Geht mal raus, wir haben hier etwas zu besprechen.« Abends, als ich im Bett lag, plagte mich dann das schlechte Gewissen. Ich war in diesen Monaten keine wirklich gute Mutter, ich war für meine Söhne nicht die Anlaufstelle, die sie brauchten, denn natürlich bekamen sie von alledem, was uns betraf und um uns passierte, etwas mit. Leander fragte mich, warum wir so oft in der Zeitung stehen und warum auch das Fernsehen häufiger als zuvor über seinen Stiefvater berichten würde. Ich sagte ihm daraufhin, dass es Menschen gibt, darunter viele Journalisten, die nicht mehr möchten, dass Christian Bundespräsident ist. Dass es Zeiten gibt, in denen die Presse gut über einen schreibt, und genauso Zeiten, wo sie schlecht über einen berichtet.

Die Anschuldigungen und deren Auswirkungen dominierten den ganzen Tag. Es ging bereits morgens in aller Früh los, wenn wir gegen 7.30 Uhr die Presseschau des Bundespresseamtes einsahen. Die Mitarbeiter der Pressestelle werteten ab 4 Uhr morgens die gesamte Berichterstattung aus und mailten Christian die Ergebnisse zu.

Zwar gelang es uns, ein fast normales Weihnachtsfest zu feiern, meine Eltern kamen für vier Tage nach Berlin, wir waren im Gottesdienst, Leander war beim Krippenspiel der erste Hirte. Es waren kurze Glücksmomente, in denen ich mir wie eine ganz normale Familie vorkam. Auch Silvester verbrachten mein Mann und ich gemeinsam mit den Kindern nur zu viert in Großburgwedel, wir gingen um Mitternacht zum Raketensteigen zu den anderen Anwohnern vor die Tür. Zwar gab es auch in all diesen Wochen hin und wieder Abende, an denen mein Mann und ich uns vornahmen, das Thema außen vor zu lassen und uns dies auch tatsächlich gelang, trotzdem, unausgesprochen, waberte die angespannte Situation wie selbstverständlich über unseren Köpfen.

Ich kann mich, was diese Wochen und Monate betrifft, nicht an eine durchgeschlafene Nacht erinnern. Ich ging mit Herzrasen, völlig aufgewühlt ins Bett und bin auch morgens in diesem Zustand aufgestanden. Eigentlich bin ich ein Mensch, der sich über jeden neuen Morgen, jeden neuen Tag freut. Davon war ich in dieser Zeit weit entfernt. Selbst in Großburgwedel, bis dahin mein Zufluchtsort, belagerte uns die Presse zunehmend, belauerte sie uns. Die Nachbarn hängten uns schon Brötchen an die Haustür und fragten, ob sie für uns einkaufen gehen sollen.

Diese Unterstützung zu erfahren tat gut, aber das konnte nicht die Zukunft sein. Ich wollte mich nicht verstecken müssen.

Ende Januar 2012 machte ich daher Druck und sagte zu Christian: »Es muss etwas passieren – so oder so. Wir müssen eine Entscheidung treffen.« Dies so deutlich auszusprechen fiel mir nicht leicht. Ich habe meinem Mann sonst nie in politische Dinge hineingeredet. Da gab es eine klare Absprache zwischen ihm und mir. Er ist der Politiker, er war der Bundespräsident, es war sein Amt. Natürlich gab es Themen wie den Ausbau von Krippenplätzen, generell die Betreuung von Kleinkindern, die mir gerade auch mit meiner Vorgeschichte als ehemals Alleinerziehende sehr am Herzen lagen und zu denen ich ihm meine Meinung mit auf den Weg gab. Häufig fragte mich Christian auch nach meiner Sichtweise, zum Beispiel vor seiner Rede zur Deutschen Einheit 2010. Er wollte damals gerne den Satz »Der Islam gehört inzwischen auch zu Deutschland« sagen und fragte mich: »Wie findest du das?«. Da haben wir darüber diskutiert. Ich meinte zu ihm: »Wenn dir das wichtig ist, dann sag es. Ich aber würde es nicht tun. Ich finde es schwierig. Das wird viele Debatten nach sich ziehen.« Im Nachhinein finde ich es richtig gut und mutig, dass er sich dafür entschieden hat. Ich denke, ich stand mir da mit meiner doch sehr protestantischen Sichtweise im Weg.

Und zu diesem Zeitpunkt, Ende Januar, Anfang Februar 2012 stand sich mein Mann ein Stück weit selbst im Weg. Mir war klar, dass sich einige Menschen fragten, warum ich ihn als PR-Frau in der Krisenkommunikation nicht besser beraten habe. Doch dazu muss ich sagen, dass mein Einfluss doch begrenzter war, als von außen gemutmaßt wurde. Und ab einem gewissen Zeitpunkt kam ich auch nur noch schwer an Christian und sein Beraterteam heran, die mehr oder weniger rund um die Uhr im Büro tagten. Mein Alltag mit Terminen und Kindern ging parallel dazu ja auch weiter. Aber ich wusste, dass ich so oder so mit drin hänge und auch wenn ich in einigen Dingen vielleicht anderer Meinung war, bin ich keine, die dann aufgibt oder sich vom Acker macht. Ich wusste, dass wir das nur gemeinsam schaffen können. Wie sehr jedoch eben auch Leander und Linus unter der Situation haben leiden müssen, wurde Christian erst im Nachhinein bewusst. Damals aber war er so konzentriert und fokussiert auf sein Amt und die Probleme, er wollte kämpfen. Er war überzeugt davon, dass die Vorwürfe unhaltbar waren. Daher wollte er nicht klein beigeben und der Gegenseite, der Presse den Triumph überlassen.

Dann aber kam dieser Donnerstagabend des 16. Februar 2012, als die Staatsanwaltschaft Hannover beantragte, die Immunität von Christian als Bundespräsidenten aufzuheben. Hintergrund war ein Bericht der *Bild*-Zeitung gut eine Woche zuvor, am 8. Februar, in dem es um angebliche Manipulationsversuche beziehungsweise einen angeblich von David Groenewold bezahlten Kurzaufenthalt in einem Sylter Hotel ging. Gegen die Art der Berichterstattung wurden später zwar Richtigstellungen durchgesetzt, aber sie führte die Staatsanwaltschaft Hannover zur Einschätzung, Ermittlungen wegen Vorteilsnahme und Vorteilsgewährung durchführen zu müssen. Das Groteske daran: Diese Nachricht stand schon auf dem Newsticker der *Bild*-Zeitung, bevor wir es wussten. Nicht nur aus historischer Sicht hatte die

Situation damit einen Höhepunkt erreicht. Noch nie zuvor war die Immunität des Staatsoberhauptes aufgehoben worden. Auch aus unserer ganz privaten Lage heraus waren die ewigen Zweifel an der Position meines Mannes und auch an mir nicht mehr auszuhalten. Als wir an diesem Abend in unserem Wohnzimmer in der Pücklerstraße zusammensaßen, uns erneut vor Augen führten, wie zermürbend die Lage ist und wie wahrscheinlich ganz ähnlich zermürbend auch die Zukunft sein würde, war klar, dass dies das Amt nicht mehr aushält und dass dies auf keinen Fall mit den operativen Aufgaben eines Bundespräsidenten zu vereinbaren ist. So traurig ich in diesem Moment war, denn zu akzeptieren, dass man in weiten Teilen einfach machtlos ist, so froh war ich: Endlich gab es eine Entscheidung.

Es war gut, diesen Entschluss gemeinsam am Abend getroffen zu haben. Denn am nächsten Morgen, am 17. Februar, die Zeitungen aufzuschlagen, war ernüchternd. Seitenweise standen dort Kommentare und Einschätzungen von anderen Vertretern der Berliner Politik zu der beantragten Aufhebung der Immunität. Es waren Äußerungen wie »Ich glaube, das war's« oder »Der Bundespräsident muss jetzt seine Schlüsse ziehen« oder »Wir werden dazu beitragen, dass zum frühestmöglichen Zeitpunkt seine Immunität aufgehoben wird«. Bitter. Selbst aus den Reihen der CDU kamen kritische Statements. Aber ich wollte mich nicht mehr aufregen. Zudem hatten wir genug damit zu tun, den Tag des Rücktritts vorzubereiten. Mein Mann und ich haben die Zeit in Berlin gemeinsam erlebt, durchlebt, da war es selbstverständlich, dass wir auch den Abschied aus Berlin gemeinsam angehen. Christian informierte Angela Merkel, die traurig war, jedoch seine Entscheidung für richtig hielt. Meiner persönlichen Assistentin hatte ich bereits abends zuvor eine kurze SMS mit der Information über den Rücktritt geschickt. Als ich es meinem Sohn Leander sagte, war dieser vor allem erleichtert und äußerte, dass wir dann ja zum Glück wohl nicht mehr so oft in der Zeitung stehen würden.

Es mag banal erscheinen: Doch ich überlegte auch sehr genau, was ich an dem folgenden Tag anziehen werde. Mehr als bei allen anderen Events war mir dies wichtig. Es sollte etwas Schlichtes sein, nicht zu edel und aufgesetzt. Es sollte etwas sein, in dem ich mich sicher und wohlfühle. Die Fassade musste stimmen, das Innenleben ging keinen etwas an. Ich wollte mich als starke Frau präsentieren. Schnell fiel meine Wahl auf eines meiner Lieblingskostüme von Rena Lange. Im Grunde ein ganz klassisches schwarzes Ensemble mit Rock und kurzer Jacke, an den Rändern in Weiß gearbeitet. Bereits häufiger hatte ich es an, so zum Beispiel erst einige Wochen zuvor, am 6. Januar 2012, beim Empfang der Sternsinger. Als dem ersten offiziellen Auftritt des Bundespräsidenten im neuen Jahr war auch dies ein wichtiger Termin für mich und meinen Mann gewesen, gerade angesichts der turbulenten Tage, mit denen wir 2011 abgeschlossen hatten.

Am Vormittag rief ich meine Eltern an und sagte ihnen, dass Christian vom Amt des Bundespräsidenten zurücktreten werde. Ich spürte bei meiner Mutter die Erleichterung. Und es tat gut von ihr zu hören, dass auch sie glaubte, für mich und aber vor allem für uns als Paar mit den beiden Kindern sei es besser, wenn damit hoffentlich bald wieder Ruhe in unser Leben zurückkehren würde. Ganz Ähnliches sagten meine Freundinnen Josefine und Stephanie. Seltsamerweise war ich selbst bei all diesen Gesprächen recht emotionslos. Zu oft hatte ich zuvor schon diese Szenarien und Momente mit den Worten im Kopf durchgespielt. Ich hätte bereits früher als mein Mann das Handtuch geworfen.

An die Medien wurde die Information geschickt, dass Christian am Freitag, den 17. Februar, um 11 Uhr Stellung nehmen wolle. Gemeinsam mit seinem Staatssekretär, seiner Büroleiterin, einem befreundeten Anwalt und seiner Pressesprecherin feilte er dafür an seiner Rücktrittsrede. Als er mir am Vorabend in seinem Arbeitszimmer den ersten Entwurf vorlas, war ich leicht genervt. Ich war des ganzen aufgesetzten Prozederes überdrüssig und müde. Warum konnte er nicht einfach nur sagen: »Ich trete zurück!«, und der Drops war damit gelutscht. Nein. Stattdessen wurde jedes Wort dreimal überdacht, es wurde erklärt und analysiert. Ich dagegen hätte die Rede so kurz wie möglich gehalten. Denn ich war es einfach leid.

Es war ein komisches Gefühl, an jenem Freitag, dem 17. Februar 2012, morgens gegen 7 Uhr aufzuwachen, aufzustehen und zu wissen, dass dieser Tag dem Leben eine andere Richtung geben wird und es kein Zurück gibt. Kein Zurück in das Leben als Frau des Bundespräsidenten, aber auch kein Zurück in das Leben, was ich davor geführt habe. Es würde anders werden und zu diesem Zeitpunkt wusste ich noch nicht recht, wie dieses »anders« aussehen wird. Ich schickte Leander an diesem Tag nicht zur Schule. Ich wollte ihm ersparen, dass Lehrer oder Mitschüler ihn schräg von der Seite anschauen oder gar mit Fragen oder Kommentaren zu der Situation seines Stiefvaters nerven. Für Linus hatte ich unsere Kinderfrau bestellt.

Als Christian mir gegen 10.30 Uhr ein zweites Mal seine Rede vorlas, spürte ich in mir eine innere Leere. Ich wollte das alles nur möglichst schnell über die Bühne bringen und dies mit größtmöglicher Fassung, stark und aufrecht. Zudem war mir übel, das war ja klar, denn selbstverständlich war ich auch aufgeregt und zugleich absolut übernächtigt und ausgepowert. Und: Mich nervte der Gedanke, dass ich mich wenige Minuten später vor die Masse an Journalisten stellen musste, die zu wenig unterschied zwischen mir und meinem Mann. Natürlich waren Christian und ich in Berlin ein Team. Aber deswegen wollte ich mich nicht selbstverständlich als untrennbares Doppelpack über einen Kamm scheren lassen. Gerade auch deswegen nicht, weil ich doch sowieso nichts sagen durfte. Warum sollte ich mich da mit hinstellen? Dass ich also tatsächlich mit hinausgegangen bin und mich noch einmal der Öffentlichkeit als Frau des Bundespräsidenten präsentierte, habe ich in erster Linie für meinen Mann getan. Ganz bewusst aber stellte ich mich ein Stück weit entfernt von Christian, um so zu zeigen: Ich bin eine eigenständige, selbstständige Frau.

Christians Rede dauerte knapp dreieinhalb Minuten. Es war ein seltsamer Moment für mich, den anderen, meinen Mann, sprechen und sich verabschieden zu hören, und selbst nur schweigend neben ihm zu stehen. Ich sollte alles mittragen, mit ertragen, alles mit erleiden, aber letztlich, wo es nun zu Ende war, blieb mir nur die Besetzung als die stumme Statistin. Zwar haben gut vier Wochen später bei der Vereidigung von Joachim

Gauck als neues Staatsoberhaupt sowohl Angela Merkel wie auch Horst Seehofer mir für meine Arbeit gedankt, und dies tat gut, aber in diesem Moment, beim offiziellen Rücktritt, durfte ich nicht zu Wort kommen. Dabei hätte ich durchaus gerne ein paar Dinge gesagt. Zum Beispiel ob die Menschen, diese Medienmeute, die da vor mir kniete und stand, sich auch nur einmal ansatzweise darüber Gedanken gemacht hat, welche Auswirkungen die gesamten Anschuldigungen auf ein Familienleben haben. Dass ich als Person nicht nur die Gattin des Bundespräsidenten war, sondern bei alledem auch ein ganz privater Mensch, der Gefühle und vor allem eine Würde hat. Ich hätte mich aber auch gerne bei all den Menschen bedankt, die ich in einem positiven Zusammenhang, beispielsweise bei den zahlreichen Hilfsorganisationen, kennengelernt habe und gesagt, wie bewundernswert ich es finde, dass sie einen Großteil ihrer Freizeit investieren, um sich für eine bestimmte Sache zu engagieren. Aber wie gesagt: In diesen dreieinhalb Minuten, als Christian seine Rede hielt, war ich einfach nur die schweigende Frau des scheidenden Bundespräsidenten.

Trauer, Wut oder Hass? Nein. Eher war es eine Kombination aus Gleichgültigkeit und Amüsement, die mich beschäftigte, als ich auf diese lebende Wand von Journalisten blickte. Rund 100 waren zu dem Termin zugelassen, dabei sein wollten weitaus mehr. Ich schaute mir jedes Gesicht genau an. Viele von ihnen kannte ich. Sie haben uns die zwei Jahre über begleitet, in guten wie in schlechten Zeiten. Sie haben Fotos gemacht, die schönen und die fiesen. Nun hatten sie sich alle noch einmal versammelt, knieten und standen vor uns, quasi bewaffnet mit ihren

Blöcken, Stiften, Diktiergeräten, Fotoapparaten und Kameras, um auch ja nicht nur ein Detail zu verpassen. Natürlich waren sie gierig und sie bekamen das, worauf einige von ihnen gewartet hatten. In den einen oder anderen Gesichtern ein Triumphgefühl zu sehen, bestärkte mich in diesem Moment nur noch mehr in meinem Gedanken: Es ist gut, dass es vorbei ist. Es war schön, aber jetzt reicht es auch!

16 Die Zukunft

Der Morgen danach, das Leben danach, begann mit einer totalen Leere, einem großen schwarzen Loch. Die Gefühle der Erleichterung und Befreiung sowie die starke Sehnsucht nach Ruhe dominierten in den ersten Tagen nach Christians Rücktritt in mir. Trotzdem fehlte zunächst die Zeit, dass ich über mich hätte nachdenken können. Der Umzug zurück nach Großburgwedel musste organisiert werden, auch die Unterbringung von Leander und Linus in der Schule beziehungsweise dem Kindergarten. Ich musste mein Büro aufräumen, Termine absagen, es gab einfach ganz viel abzuschließen und anderes in die Wege zu leiten. Erst etwa Anfang/Mitte März, als auch endlich die mediale Belagerung vor unserem Haus abebbte, stellte ich mir einmal wieder die Frage: »Was macht eine Frau des Bundespräsidenten, wenn sie keine Frau eines Bundespräsidenten mehr ist?« Ich denke, für mich war und ist diese Frage vielleicht sogar noch ein Stück weit mehr von Bedeutung, als sie es für meine Vorgängerinnen war. Eva Luise Köhler war 63, als ihr Mann vom Amt des Bundespräsidenten zurücktrat. Christina Rau 47 Jahre am Ende der Amtszeit ihres Mannes. Da war ich mit meinen 38 Jahren nicht nur fast ein junges Küken, ich war im Gegensatz zu den anderen beiden vor allem auch noch Mutter von zwei Söhnen, acht und fast vier Jahre, die versorgt werden wollten.

Am liebsten hätte ich irgendetwas im Zusammenhang mit der Fußballbundesliga gemacht. Es war schon lange ein Traum von mir, hinter den Kulissen, zum Beispiel in der Presseabteilung, für einen Bundesliga-Verein zu arbeiten. Aber eben als Mutter von zwei kleinen Kindern ist dies eher unrealistisch. So ein Job wäre nicht in Teilzeit zu leisten. Ich dachte weiter über den Sportbereich nach und kam auf die Olympischen Spiele in London, auch die Paralympics, und mir fiel das Medizintechnikunternehmen Ottobock ein, das vor allem für die Herstellung innovativer Prothesen steht und dort auch Weltmarktführer ist. Ich kannte das Unternehmen aus Duderstadt bereits aus Christians Zeiten als niedersächsischer Ministerpräsident und wusste zudem, dass Andreas, unser Trauzeuge, einen freundschaftlichen Draht zum Firmenlenker Hans Georg Näder hält. Ich rief Andreas an und fragte, ob er den Kontakt herstellen könne. Und dann ging auch alles ziemlich schnell. Gleich Ende März trafen Hans Georg Näder und ich uns das erste Mal und überlegten gemeinsam, wie eine mögliche Zusammenarbeit aussehen könne. So entstand die Idee, mich bei den Paralympics in London, Ende August 2012, als Hospitality-Managerin in das Geschehen rund um Ottobock einzubinden. Konkret bedeutete dies, dass ich Kunden und Gästen von Ottobock, aber auch Delegationen, beispielsweise aus dem Sportausschuss des Deutschen Bundestages, unter anderem die Werkstatt zeigte, in der allen Sportlerinnen und Sportlern in einem 24-Stunden-Service geholfen wurde. Ich informierte über die Arbeit des Unternehmens und erklärte, was Sportlerinnen und Sportler mit Handicap für eine technische Unterstützung benötigen, um Hochleistungsergebnisse zu erzielen.

Ich empfinde es als ganz großartig, für Ottobock arbeiten zu können. Denn ich stehe zu hundert Prozent hinter den Vorstellungen und Visionen des Unternehmens und möchte dazu beitragen, dass dieser, sagen wir: Randbereich, des Sports stärker in den Fokus rückt. Denn die technischen Hilfen ermöglichen vielen gehandicapten Sportlerinnen und Sportlern die Erfüllung ihrer Träume. So gesehen bin ich sehr glücklich darüber, dass ich auch bei den kommenden beiden Paralympischen Spielen, in Sotschi und Rio de Janeiro meine Tätigkeit für Ottobock fortsetzen kann. Darüber hinaus werde ich das Unternehmen auch in anderen Bereichen wie zum Beispiel bei seinem sozialen Engagement für Kinder unterstützen. Diese Vorausplanung gibt mir eine gewisse Sicherheit. Denn vorerst möchte ich nicht zurück in eine Festanstellung. Lieber möchte ich projektbezogen arbeiten, um eben von dem terminlich sehr durchgeplanten Leben Abstand zu gewinnen. Ich möchte mir nicht zuviel aufhalsen. In meiner Planung reicht es aus, zwei, vielleicht drei große Auftraggeber zu haben, für die ich regelmäßig tätig sein kann. Ich möchte selbstständiger entscheiden können, wie und wo ich arbeite. Dass ich vielleicht einmal eine Woche im Einsatz bin, um danach im Idealfall drei, vier Tage freizuhaben, um für die Familie da zu sein und um mich auch ein Stück weit selbst wieder neu zu ordnen.

Nach Christians Rücktritt habe ich erst einmal einen, sagen wir, Kassensturz gemacht. Ich schaute in den Spiegel und war gelinde gesagt entsetzt. Zwar höre ich jetzt immer wieder von Menschen, die mich nur oberflächlich kennen, Sätze wie: »Sie sehen aber toll aus, und das nach all dem Erlebten«, doch

Freunde und meine Familie bescheinigen mir das Gegenteil. Ich habe abgenommen, fünf Kilo, ich quäle mich seit eineinhalb Jahren mit Magenschmerzen herum, meine Augen wirken matt und müde und meine Haut ist schlichtweg ein Desaster. Fast habe ich den Eindruck, dass sie mir sagen will: »So, jetzt hast du jahrelang dein Gesicht in die Kamera gehalten, das haste nun davon. Ich mach jetzt mal einen auf rot, trocken und gereizt. Denn ich will das alles nicht mehr.« Aber nicht nur äußerlich sehe und spüre ich die Folgen. Auch innerlich hat sich etwas bewegt. Ich will mich endlich einmal um meinen eigenen Kern kümmern, um mich selbst, meine Träume und Wünsche. Und wie ich das nun tue, erscheint meinem Umfeld teilweise sehr rigoros. Auch Christian muss sich diesbezüglich umstellen, denn ich fordere jetzt mehr Zeit für mich ein, gehe wieder öfter zum Sport, verabrede mich mit Freundinnen und vor allem kümmere ich mich um meine berufliche Zukunft. Ich finde das adäquat, dafür habe ich und dafür haben auch die Kinder zu lange nach dem Terminkalender meines Mannes gelebt.

Ich habe mich zurückgezogen, weil ich einfach lange Zeit über meine physischen und psychischen Kräfte gelebt habe, und das wurde mit einer großen Selbstverständlichkeit so hingenommen. Es wurde eingefordert, auch von meinem Mann, und ich weiß, dass es nur eine Person gibt, die das ändern kann und klarer Grenzen ziehen muss. Das bin ich selbst.

Nach dem Rücktritt hatte ich irgendwann endlich auch die Zeit, mir darüber Gedanken zu machen, was zwischen uns beiden, zwischen Christian und mir, alles unausgesprochen wie selbstverständlich mitgelaufen ist. Dass ich mich zum Beispiel in bestimmte Situationen habe regelrecht hineinpressen und mir aufdiktieren lassen, wie man sich verhält, was man zu tun und zu lassen hat. Und dass es so immer wieder Situationen und Momente gab, die meinem Charakter und Naturell nicht entsprachen. Beispielsweise im Januar 2012 etwa drei Stunden beim offiziellen Neujahrsempfang des Bundespräsidenten mehreren Hundert Bürgern, Verbandsvertretern und Politikern die Hand zu schütteln, Small Talk zu machen, zu lächeln, als liege nichts in der Luft. In diesen Augenblicken im Schloss Bellevue lief meine Gefühlswelt quasi Amok und permanent stellte ich mir Fragen wie: »Was machst du hier? Warum machst du das hier? Warum bist du nicht bei deinen Söhnen, wo du eigentlich gerne sein würdest? Warum gönnst du dir nicht die Ruhe, nach der du dich so sehnst? Dich beschäftigt doch etwas ganz anderes!« Aber wie selbstverständlich habe ich diesen Termin wahrgenommen und artig gelächelt, eben weil ich wusste, dass die Menschen das erwarten und dass viele der Gäste sich auf diese Veranstaltung gefreut haben, weil es für sie etwas Besonderes ist. Außerdem gehört es einfach mit zum Job der Gattin des Bundespräsidenten dazu, auch wenn ich innerlich schon ein Stück weit rebellierte. Mich nervte es regelrecht, abends vor den Kleiderschrank zu treten und mir die leidige Frage des Anziehens zu stellen. Ich trage nun einmal am liebsten Jeans und irgendein Shirt oder eine Bluse. Das bin ich, darin fühle ich mich wohl und so waren die Kleider für mich fast schon zu einer Verkleidung geworden, die ich über mein eigentliches Ich stülpte.

Wie gerne hätte ich an manchen Tagen einfach zu Christian gesagt: »Weißt du was, Schatz, ich habe heute so gar keine

Lust dazu. Geh doch einfach mal alleine dahin.« Ich habe mich zu manchen Terminen wirklich hingeschleppt, obwohl es mir schlecht ging. Mehr und mehr fragte ich mich aber, ob es das Richtige ist, vor lauter Pflichtbewusstsein seine eigenen Bedürfnisse komplett zu übergehen, und das jahrelang. Und wenn ich es jetzt im Nachhinein betrachte, rächt sich dies auch in der Beziehung. Ich werfe dies Christian auch manchmal vor, dass er mich ein großes Stück auch in diese Rolle hineingedrängt hat. Was er einsieht. So gesehen nervt es mich übrigens auch häufig zu hören, dass ich es ja wohl gewesen sei, die ihn zum Amt des Bundespräsidenten beziehungsweise zur Kandidatur gedrängt habe. Das ist totaler Quatsch.

Es gab in den vergangenen Monaten schon Diskussionen, in denen ich meinem Mann gegenüber äußerte: »Jahrelang hat die Uhr nach deinem Takt geschlagen und jahrelang haben wir uns als Familie nach deinem Leben gerichtet. Jetzt ist es doch eine Selbstverständlichkeit, dass du mehr Präsenz zeigst und auch wir anderen in den Vordergrund rücken.« Denn es geht einfach nicht, ein funktionierendes Familienleben einzufordern und vorauszusetzen, die Welt bleibt heil, wenn man selbst kaum da ist, um etwas dafür zu tun. Und ich finde es großartig, dass sich in Christians Einstellung diesbezüglich etwas gewandelt hat. Es ist eine Chance, die sich ihm bietet und die er annimmt. Jetzt, wo er nicht mehr Bundespräsident ist, hat er mehr Zeit, sich um die Kinder zu kümmern, und tut dies. Er fährt mit ihnen in den Tierpark, hat sogar gemeinsam mit Torsten, Leanders Vater, den beiden Jungs und Annalena eine Woche Urlaub gemacht und war für die Kinder da, als ich mehr als zwei Wochen in London bei den Paralympics war.

Ich freue mich zu sehen, dass er für seine beiden Kinder, Linus und Annalena, mehr denn je da ist und Linus jetzt erst richtig kennenlernt. Damit meine ich zum einen, dass er sieht, dass es auch anstrengend ist, den Alltag mit zwei Kindern zu managen. Angefangen vom Einkaufen über das Essen machen und eben auch die Unterhaltung der Kinder. Er erlebt die Wutanfälle von Linus, der gerne ausprobiert, wie weit er gehen kann, wie lange er seine Eltern reizen kann, wo die Grenzen sind. Und Christian erfährt auch, was seinen kleinen Sohn beschäftigt. Früher, auch schon zu Zeiten des Amtes als Ministerpräsidenten, war mein Mann ja häufig nur frühmorgens und spätabends anwesend und auch dann hat er zumeist am Schreibtisch gesessen. In Linus' Kopf hatte sich so ein Bild geformt von wegen »Papa, zu Hause, Schreibtisch«. Das Bild »Papa, zu Hause, Fußball spielen oder Spielplatz«, das gab es für Linus nicht. Da hat sich bei meinem Mann wirklich etwas grundlegend verändert. Wenn ihn Linus jetzt darum bittet, geht er mit ihm in den Garten und die beiden kicken eine Runde. Ich würde schon sagen, dass Christian ein besserer und vor allem bewussterer Vater ist, seit er nicht mehr Bundespräsident ist.

Für Linus ist es, glaube ich, eine Situation, die er noch nicht versteht. Mein Mann fährt jetzt wieder öfter nach Berlin und neulich fragte Linus ihn: »Papa, ich will auch mal wieder nach Berlin, und wann gehen wir eigentlich mal wieder ins Schloss?« Das fanden Christian und ich schon amüsant und ich sagte da-

rauf zu meinem Sohn: »Papa arbeitet nicht mehr im Schloss.«
Aber zu meiner Verwunderung stellt Linus sonst keine Fragen,
ob sein Vater nicht zur Arbeit müsste. Er fragt ihn auch nicht,
was er den ganzen Tag so macht. Nur dann, wenn er nicht in
den Kindergarten möchte, versucht Linus sein Glück und hakt
schon mal nach: »Aber Papa, du bist doch sowieso zu Hause.
Dann kann ich doch auch zu Hause bleiben.« Das erscheint
einem Kind absolut logisch. Dass Christian von zu Hause aus
arbeitet bis das Ermittlungsverfahren abgeschlossen ist, kann er
nicht nachvollziehen. Aber das ist ja auch normal.

Ich habe mir vorgenommen, mehr Zeit mit meinen beiden
Söhnen zu verbringen. Mehr an ihrer Seite zu sein und die Dinge auch einfach einmal laufen zu lassen, statt sie fast bis auf die
letzte Minute zu planen und auch planen zu müssen. Ich möchte mehr mit meinen Söhnen in den Tag hinein leben. Ich denke manchmal, dass sowohl Leander als auch Linus nicht ohne
Grund so häufig krank waren.

Gerade Leander hat in den vergangenen zwei, drei Jahren
eine Autonomie entwickelt, die mich manchmal hat erschre-
cken lassen. Viel zu oft habe ich Ereignisse erst im Nachhinein
erfahren, durch andere Eltern, durch Lehrer oder Mitschüler,
die bei uns zu Hause waren. So zum Beispiel, dass Leander
in der Schule an einem Vorlesewettbewerb teilgenommen hat,
wo er den zweiten Platz belegte. Als ich ihn darauf ansprach
sagte er zu mir: »Na, du warst halt nicht da. Da konnte ich es
dir nicht erzählen.« Genauso der Punkt, dass er sich scheute,
mir zu sagen, wann sie eine Klassenarbeit schrieben, und dass
er eigentlich gerne mit mir dafür noch lernen würde. Zumeist

rückte er damit wirklich erst am Abend zuvor heraus, kurz vor dem Schlafengehen. Fragte ich ihn dann, warum er mir das so spät erzählte, meinte er, dass ich doch eh keine Zeit habe, total im Stress sei und er mich nicht noch mehr belasten wollte. Er dachte, er würde das schon irgendwie hinbekommen und zumeist hat er tatsächlich trotzdem eine gute Note geschrieben.

Leander ist wirklich ein ganz großartiger Junge, er hat es verdient, dass ich als Mutter mehr für ihn da bin. Und dies möchte ich auch, weil ich weiß, dass er eine enge Bezugsperson braucht und dabei auch meine Eltern eine große Rolle für ihn spielen. Natürlich ist das schön und auch ein Stück weit normal, dass man als Kind seiner Oma oder seinem Opa Dinge anvertraut, die man den eigenen Eltern verschweigt, und dass die Großeltern einen anderen Status für ein Kind einnehmen als die Eltern. Aber es bedrückt mich auch. Denn selbstverständlich möchte ich als Mutter zu meinen Kindern ein enges Vertrauensverhältnis haben und sie sollen mir das erzählen können, was sie beschäftigt und bedrückt. In den vergangenen Jahren ist da Einiges an mir vorbeigegangen.

So gesehen ist die oberste Priorität für Christian und mich, die nächsten Jahre überwiegend selbstbestimmt und nicht fremdbestimmt leben zu wollen. Und mindestens in den kommenden drei bis fünf Jahren wird Großburgwedel daher sicher auch der Standort sein, wo wir bleiben werden. Gerade die Kinder brauchen jetzt etwas Ruhe und vor allem Beständigkeit. Ich würde ihnen nicht zumuten wollen, in absehbarer Zeit schon wieder den Wohnort zu wechseln.

Aber es gibt auch noch andere Gründe, warum ich die nächsten Jahre in Großburgwedel bleiben möchte. So fühle ich mich auch meinen Eltern gegenüber verantwortlich. Mein Vater ist jetzt 73 Jahre, meine Mutter 69. Sie kommen in ein Alter, wo ich feststelle, dass sich die Gewichtung des Gebens und Nehmens verändert. Bis jetzt war es so, dass ich etwas einfordern konnte und dies auch getan habe. Gerade eben wenn es um die Betreuung von Leander und Linus ging. Aber langsam verschiebt sich das Verhältnis und dies wird wahrscheinlich in den nächsten Jahren zunehmen.

Ich möchte für meine Eltern da sein, wenn sie mich brauchen. Das bin ich ihnen nicht nur schuldig, sondern ich tue es auch aus vollster Überzeugung und aus Liebe. Ich weiß, dass meine Eltern nie einfordern würden, dass ich für sie da bin. Aber für mich ist das eine Selbstverständlichkeit, die aus meiner Sicht auch ein Großteil von »Familie« ausmacht.

Ich denke, dass Anfang oder Mitte nächsten Jahres das größte Interesse an uns als Familie endlich vorbei ist. Darauf hoffe ich und davon gehe ich jetzt erst einmal aus. Es hat sich dann wahrscheinlich ein gewisser Abstand zu dem Thema gebildet, die Lage wird sich beruhigt haben und wenn Joachim Gauck ein Jahr im Amt ist, werden sich die Dinge sicherlich eingefahren haben. So wie man über die sehr kunstinteressierte Christina Rau hin und wieder etwas liest, weil sie auf eine Vernissage gegangen ist, oder über Eva Luise Köhler, weil sie auf einer Veranstaltung für ihre Stiftung gesehen wurde, wird man dann auch mich hier und da, zum Beispiel bei Veranstaltungen für die Stiftung »Eine Chance für Kinder« sehen und darüber berichten. Ich werde versuchen, es selbst zu bestimmen, wie viel ich von meinem Leben preisgebe und zeige und was ich der Öffentlichkeit entziehe, weil mein Leben einfach nur mein Leben ist.

»MAMA, ARBEITEST DU EIGENTLICH SCHON IMMER ALS PR-FRAU?«

Nie, wirklich nie im Leben möchte ich, dass mein Sohn Leander oder mein Sohn Linus die Identität meiner Person infrage stellen muss und beim Googeln im Internet auf Seiten stößt, die die übelsten Gerüchte über mich verbreiten, die man als Frau von sich hören kann. Genauso möchte ich nicht, dass einer von den beiden womöglich auf dem Schulhof von einem Mitschüler angesprochen wird von wegen »Sag einmal, wie war das eigentlich damals mit deiner Mutter …?«. Auf gar keinen Fall sollen meine Kinder mit diesen bösen Anschuldigungen über eine vermeintliche Vergangenheit im Rotlichtmilieu aufwachsen. Auch meine Familie, mein Mann, meine Eltern, mein Bruder, auch meine Freunde sollen nicht weiter darunter leiden. Und ich selbst will es auch nicht mehr. Darum gehe ich in die Offensive.

Es sind ein paar Monate seit Christians Rücktritt vergangen. Ich musste erst ein paar Dinge sacken lassen, auch Abstand gewinnen und das Gewesene und Erfahrene in mein Leben einordnen. Jetzt aber, mittlerweile haben wir Sommer, ist die Zeit reif, dass ich mich endlich gegen die Verleumdungen wehren kann. Gerne hätte ich dies bereits getan, als mein Mann noch Bundespräsident war, aber ich habe mich zusammengerissen.

Es hätte dem ganzen Thema viel zu viel Raum gegeben. Der Schaden für das Amt und auch das Land wäre zu groß gewesen, wenn durch rechtliche und gerichtliche Schritte solch hässliche Gerüchte verstärkt Aufmerksamkeit gewonnen hätten. Ich wusste aber: Irgendwann wird die Zeit kommen. Nun ist sie da. Ich habe so viele schlimme Dinge über mich lesen müssen und immer stillgehalten, nie etwas dazu gesagt. Ich will endlich gegen das vorgehen, was über mich Unverschämtes, ja was für Lügen über mich verbreitet wurden und werden. Denn gerade das Internet vergisst nichts und niemanden. Da würden auch noch in einigen Jahren all die gewissenlosen Behauptungen über mich zu finden sein, wenn ich nicht dagegen juristische Schritte einleiten würde.

Gemeinsam mit meinem Berliner Anwalt gehe ich systematisch gegen alle Denunzianten vor, die wir rechtlich greifen können. Uns liegen bereits 38 Unterlassungsverpflichtungserklärungen von verschiedenen Journalisten und Verlagen vor. Keiner der Beschuldigten hat den Versuch gemacht, Belege oder Quellen für seine Verleumdungen zu nennen. Alle verwiesen sie darauf, sie hätten nur vorhandene Gerüchte aufgegriffen.

»Nur vorhandene Gerüchte aufgegriffen«, so einfach geht das also. Ich versuche mich zu beherrschen, nicht weiter und intensiv darüber nachzudenken, wenn ich das höre. Es macht mich so wütend, diese Gefühle kann ich gar nicht in Worte fassen. Das Landgericht Hamburg hat gegen einen Internetanbieter eine einstweilige Verfügung erlassen, die der Verantwortliche anerkannt hat. Überhaupt sind ohne gerichtliche Auseinandersetzungen bereits mehrere Entschädigungszahlungen geleistet worden. Auf eine Entschuldigung von dem einen und anderen Journalisten beziehungsweise großen Verlag warte ich allerdings bis heute vergebens.

Das erfolgreiche Vorgehen gegen die üblen Gerüchte und ihre Absender macht das Geschehene nicht mehr rückgängig und schon gar nicht besser. Der für mich und meine Familie eingetretene Schaden ist nicht wiedergutzumachen. Aber dieses erfolgreiche Vorgehen gegen die üblen Gerüchte und ihre Absender ist eine Wohltat für mein Seelenheil. Ich merke, dass es in mir ein Stück zurechtrückt, ich an Gleichgewicht gewinne und wieder Kraft tanke. Ich gehe in die Offensive und das tue ich nicht allein nur für mich und mein Ansehen. Ich mache dies auch für meine Familie und meine Freunde. Für meinen Mann, meine Eltern, meinen Bruder und vor allem für meine beiden Söhne.

QUELLENVERZEICHNIS

DIE MÄNNER
»Mit Tattoo ins Schloss Bellevue« Focus Magazin, 27/2010
www.focus.de/magazin/archiv/titel-mit-tattoo-ins-schloss-
bellevue_aid_526775.html
(zuletzt abgerufen am 8. August 2012)

MEIN MANN
»Wulffs Neue, Niedersachsens Ministerpräsident und seine Neue Bettina Körner feierten schon Ostern auf Mallorca«
BZ, 7. Juni 2006. www.bz-berlin.de/archiv/wulffs-neue-nieder-
sachsens-ministerpraesident-und-seine-neue-bettina-koerner-
feierten-schon-ostern-auf-mallorca-warum-hat-deutschlands-
beliebtester-politiker-seine-frau-verlassen-article272866.html
(zuletzt abgerufen am 8. August 2012)
»Hier strahlt Wulffs Neue«
Neue Presse, 1. Juni 2006

DAS HAUS
»Wenn das Land den Panikraum zahlt – Wulff profitiert von
Einbauten« n-tv.de. www.n-tv.de/politik/Wulff-profitiert-von-
Einbauten-article5211756.html *(zuletzt abgerufen am 8. Au-
gust 2012)*

DIE WAHL

»**Christian Wulff gewinnt Zitterwahl – nach drei Wahlgängen**« Süddeutsche.de www.sueddeutsche.de/politik/wahl-des-bun-despraesidenten-wulff-oder-gauck-das-staatsoberhaupt-wird-gewaehlt-1.967594 *(zuletzt abgerufen am 8. August 2012)*

»**Das Minuten-Protokoll**« Bild.de www.bild.de/politik/2010/christian-wulff/die-wichtigsten-meldungen-13131268.bild.html *(zuletzt abgerufen am 8. August 2012)*

»**Christian Wulff feiert auf Bellevue mit 5000 Gästen**« Berliner Morgenpost, 2. Juli 2010. www.morgenpost.de/berlin-ak-tuell/article1336664/Christian-Wulff-feiert-auf-Bellevue-mit-5000-Gaesten.html *(zuletzt abgerufen am 8. August 2012)*

DIE HAUPTSTADT

»**Dienstvilla restauriert: Familie Wulff lebt nun in Berlin**« Focus Online. www.focus.de/politik/deutschland/dienstvilla-restau-riert-familie-wulff-lebt-nun-in-berlin_aid_586613.html *(zuletzt abgerufen am 8. August 2012)*

»**Wulffs weißes Haus**« Focus Magazin, 31/2010. www.fo-cus.de/politik/deutschland/deutschland-wulffs-weisses-haus_aid_536772.html *(zuletzt abgerufen am 8. August 2012)*

DIE PROMIS

»**Deutsch-türkischer Shopping-Ausflug**« Bild.de www.bild.de/politik/2010/politik/diese-frauen-stehlen-ihren-maennern-die-show-14364508.bild.html *(zuletzt abgerufen am 8. August 2012)*

Und weiter: www.bundespraesident.de

DAS TATTOO

»Mit Tattoo ins Schloss Bellevue« Focus Magazin, 27/2010. www.focus.de/magazin/archiv/titel-mit-tattoo-ins-schloss-bellevue_aid_526775.html *(zuletzt abgerufen am 8. August 2012)*

»Bettina Wulff, die First Class Lady« RP Online, Mai 2011. www.rp-online.de/digitales/rp-plus/bettina-wulff-die-first-class-lady-1.2182909 *(zuletzt abgerufen am 8. August 2012)*

»Die Flammen der Frau Wulff« Frankfurter Allgemeine, 30. Juni 2010. www.faz.net/themenarchiv/2.1267/enthuellungen-die-flammen-der-frau-wulff-1998838.html *(zuletzt abgerufen am 8. August 2012)*

»So entstaubte Bettina Wulff das Schloss Bellevue« Berliner Morgenpost, 17. Februar 2012. www.morgenpost.de/politik/inland/article1907699/So-entstaubte-Bettina-Wulff-das-Schloss-Bellevue.html *(zuletzt abgerufen am 8. August 2012)*

»First Lady mit Tattoo« Bunte.de. www.bunte.de/society/bettina-wulff-first-lady-mit-tattoo_aid_18479.html *(zuletzt abgerufen am 8. August 2012)*

»Christian und Bettina Wulff im Partystress« Berliner Morgenpost, 3. Juli 2011. www.morgenpost.de/vermischtes/article1690461/Christian-und-Bettina-Wulff-im-Partystress.html *(zuletzt abgerufen am 8. August 2012)*

»Modesünden in Monaco Von Schindelludern und Farbverfehlungen« Süddeutsche.de. www.sueddeutsche.de/leben/modesuenden-in-monaco-von-schindelludern-und-farbverfehlungen-1.1115437-6 *(zuletzt abgerufen am 8. August 2012)*

DAS CHARITY-ENGAGEMENT

Homepage der Stiftung »Eine Chance für Kinder« www.eine-chance-fuer-kinder.de/ *(zuletzt abgerufen am 8. August 2012)*
Homepage der Deutschen Kinder- und Jugendstiftung www.dkjs.de *(zuletzt abgerufen am 8. August 2012)*
Homepage des Müttergenesungswerkes www.muettergenesungswerk.de *(zuletzt abgerufen am 8. August 2012)*

DIE VORWÜRFE

»Wulff bekam Schnäppchenkredit der BW-Bank« Spiegel Online. www.spiegel.de/politik/deutschland/hauskauf-affaere-wulff-bekam-schnaeppchenkredit-der-bw-bank-a-805228.html *(zuletzt abgerufen am 8. August 2012)*
»Ein attraktiver Neukunde« Frankfurter Rundschau, 5. Januar 2012. www.fr-online.de/politik/wulff-kredit-ein-attraktiver-neukunde,1472596,11392282.html *(zuletzt abgerufen am 8. August 2012)*
»LBBW prüft Hauskredit« Spiegel Online www.spiegel.de/wirtschaft/soziales/wulff-affaere-lbbw-prueft-hauskredit-a-807227.html *(zuletzt abgerufen am 8. August 2012)*
»Bundespräsident in Erklärungsnot« Der Tagesspiegel, 13. Dezember 2011. www.tagesspiegel.de/politik/privat-kredite-bundespraesident-in-erklaerungsnot/5956582.html *(zuletzt abgerufen am 8. August 2012)*
»Finanzspritze von der Schwiegermama« Spiegel Online. www.spiegel.de/politik/deutschland/wulffs-sylt-urlaub-finanzspritze-von-der-schwiegermama-a-817607.html *(zuletzt abgerufen am 8. August 2012)*

»Urlaub, Partys, Kleider – Was Wulff vorgehalten wird« Welt Online. www.welt.de/politik/deutschland/article13825790/Urlaub-Partys-Kleider-Was-Wulff-vorgehalten-wird.html *(zuletzt abgerufen am 8. August 2012)*

»Filmreife Affäre« Der Spiegel, 08/2012. www.spiegel.de/spiegel/print/d-84061004.html *(zuletzt abgerufen am 8. August 2012)*

»Bettina Wulff zieht gegen Tageszeitungen vor Gericht« Focus Online. www.focus.de/politik/deutschland/wulff-unter-druck/vorwurf-der-vorteilsnahme-bettina-wulff-geht-gerichtlich-gegen-linke-tageszeitungen-vor_aid_710041.html *(zuletzt abgerufen am 8. August 2012)*

»Normal, dass die First Lady Leihkleider trägt« Focus Online. www.focus.de/politik/deutschland/luxus-garderobe-von-bettina-wulff-normal-dass-die-first-lady-leihkleider-traegt_aid_700831.html *(zuletzt abgerufen am 8. August 2012)*

»Jetzt geht es um ein Bobby-Car« Zeit Online. www.zeit.de/politik/deutschland/2012-01/wulff-bobby-autohaus *(zuletzt abgerufen am 8. August 2012)*

DIE MEDIEN

»Bettina Wulff ist im 7. Monat schwanger, erwartet ein Mädchen« Bild am Sonntag, 23. März 2008. www.bildblog.de *(zuletzt abgerufen am 8. August 2012)*

»Bettina Wulff, die First Class Lady« RP Online, Mai 2011. www.rp-online.de/digitales/rp-plus/bettina-wulff-die-first-class-lady-1.2182909 *(zuletzt abgerufen am 8. August 2012)*

»Yes, we Gauck!« Bild.de. www.bild.de/news/standards/bild-kommentar/yes-we-gauck-23200004.bild.html *(zuletzt abgerufen am 8. August 2012)*

»Joachim Gauck – Der Bessere Präsident« Der Spiegel, 23/2010. www.spiegel.de/spiegel/print/index-2010-23.html *(zuletzt abgerufen am 8. August 2012)*

»Verführerischer Kredit« Der Spiegel, 51/2011. www.spiegel.de/spiegel/print/d-83180796.html *(zuletzt abgerufen am 8. August 2012)*

DER RÜCKTRITT

»Ich glaube, das war's« stern.de. www.stern.de/politik/deutschland/reaktionen-zur-wulff-affaere-ich-glaube-das-wars-1787925.html *(zuletzt abgerufen am 8. August 2012)*

»Bundespräsident Wulff vor Rücktritt« Zeit online. www.zeit.de/news/2012-02-17/bundespraesident-bundespraesident-wulff-vor-ruecktritt-17110202 *(zuletzt abgerufen am 8. August 2012)*

»SPD will für Aufhebung von Wulffs Immunität stimmen« Spiegel online. www.spiegel.de/politik/deutschland/reaktionen-spd-will-fuer-aufhebung-von-wulffs-immunitaet-stimmen-a-815805.html *(zuletzt abgerufen am 8. August 2012)*

DIE ZUKUNFT

Homepage des Unternehmens Ottobock. www.ottobock.de *(zuletzt abgerufen am 8. August 2012)*